“十二五”国家重点图书出版规划项目
北京市社会科学理论著作出版基金重点资助项目

GZC 2014 高校主题出版 GAOXIAO ZHUTI CHUBAN

/ 总主编 韩 震 /

社会主义核心价值观·关键词

诚 信

刘 翔 薛 刚 编著

中国人民大学出版社
·北京·

目　录

第一章

诚信的概念梳理

今时今日，“诚信”通常被作为一个词组使用，用以表达诚实无欺、讲求信用这一基本的为人处世之道。早在东汉许慎《说文解字》当中，“诚”与“信”就是互训关系，“诚，信也，从言成声”，“信，诚也，从人从言”。然而，“诚”和“信”毕竟是两个字眼，其各自的含义是既相互联系又彼此区别的。

第一节 诚：向内指涉的律令

“诚”字首见于《尚书》，但作为实词使用，却最早见于《左传》：“明允笃诚。”疏云：“诚者，实也。”又见于《周易·乾·文言》：“闲邪存其诚”，“修辞立其诚”。疏云：“诚谓诚实。”又见于《礼记·乐记》：“著诚去伪。”疏云：“诚谓诚信也。”基本上，“诚”具备四个层面上的含义：首先，指说话符合实际，言语真实不欺；其次，与“伪”相对，即真实；再次，诚者，成也，成就、完成之意；最后，恭敬、审慎的态度，如《大学》的“欲正其心者，先诚其意”。

“诚”，更多地指涉个体的内在，指一种真实、诚恳的内心态度和内在品质。与“信”相较而言，“诚”所关涉的对象更多的是个体自身，是一个人对于自身道德水准和行为规范的要求，是个体对于自身将成为一个什么样的人的关切。《孟子》对“诚”的诠释是这样的：“诚者，天之道也；思诚者，人之道也。”孟子将“诚”视为天道，视为由天理所定义的最为根本的一种道德属性；人作为天地之造化、万物之灵长，必须通过对“诚”的认识、反思和践行来秉承天道，将“思诚”作为人之道，也就是将其作为人伦道德的基本规范。可见，“诚”所强调是个体人格的内在朴实，尤其讲求内心的本真以及这种本真的外化。所以朱熹将之解释为：“诚者何？不自欺、不妄之谓也。敬者何？不怠慢、不放荡之谓也。”

(《朱子全书》)

从历史起源来看，“诚”的观念起源于人们对鬼神的祭祀，它是人们对神灵应有的态度，是人们祭祀祖先时应该体现出来的感情，是天道对人道的要求。在古代人的日常生活中，祭祀是不可或缺的组成部分，它甚至是一种文化秩序和生活秩序，也是一种制度和文化现象。古人祭祀主要是出于祈福、避祸或报答的目的，他们认为，唯有毕恭毕敬、虔心敬神，上苍才会接受享礼，人们的愿望才能实现，其心灵才能得到慰藉。《礼记·礼器》云：“君子之于礼也，有所竭情尽慎，致其敬而诚若。”可见，人们的“诚”主要还是出于对神明的敬畏，并且归根结底是对于个体生命的执着和安全感的诉求。

引经据典

古之欲明明德于天下者，先治其国；欲治其国者，先齐其家；欲齐其家者，先修其身；欲修其身者，先正其心；欲正其心者，先诚其意；欲诚其意者，先致其知；致知在格物。物格而后知至，知至而后意诚，意诚而后心正，心正而后身修，身修而后家齐，家齐而后国治，国治而后天下平。自天子以至于庶人，壹是皆以修身为本。其本乱，而末治者否矣。其所厚者薄，而其所薄者厚，未之有也。此谓之本，此谓知之至也。

所谓诚其意者，毋自欺也。如恶恶臭，如好好色，此之谓自谦。故君子必慎其独也。小人闲居为不善，无所不至，见君子而后厌然，掩其不善，而著其善。人之视己，如见其肝肺然，则何益矣。此谓诚于中形于外。故君子必慎其独也。曾子曰：“十目所视，十手所指，其严乎！”富润屋，德润身，心广体胖，故君子必诚其意。

——《大学》

扩展阅读

和氏之璧

原文 楚人和氏得玉璞楚山中，奉而献之厉王。厉王使玉人相之，玉人曰："石也。"王以和为诳，而刖其左足。及厉王薨，武王即位。和又奉其璞而献之武王。武王使玉人相之，又曰："石也。"王又以和为诳，而刖其右足。武王薨，文王即位。和乃抱其璞而哭于楚山之下，三日三夜，泪尽而继之以血。王闻之，使人问其故，曰："天下之刖者多矣，子奚哭之悲也？"和曰："吾非悲刖也，悲夫宝玉而题之以石，贞士而名之以诳，此吾所以悲也。"王乃使玉人理其璞而得宝焉，遂命曰："和氏之璧。"

——《韩非子·和氏》

译文 楚国人卞和在楚山中得到一块璞玉，拿来献给厉王。厉王叫治玉的匠人鉴定，匠人说："这是块石头呀！"厉王认为卞和欺骗了自己，因而砍去了他的左脚。

等到厉王死去，武王登上王位，卞和又拿了那块璞玉来献给武王。武王叫治玉的匠人鉴定，匠人又说："这是块石头呀！"武王也认为卞和欺骗了自己，因而砍去了他的右脚。

武王死后，文王登上了王位。卞和便抱着那块璞玉到楚山脚下大哭了三天三夜，眼泪哭干后又流出血来。文王听说，便差人去问他："天下被砍去脚的人多得很，为什么独独你哭得这样伤心呢？"卞和说："我并不是为砍断了脚而伤心！我难过的是把宝玉称作石头，把忠心耿耿的人叫作骗子，这才是最令我痛心疾首的呀！"文王便命玉匠开掘那块璞玉，发现其中果然有一块稀世宝玉，于是把它命名为"和氏之璧"。

浅析 卞和三献宝玉于楚王，付出失去双足的惨痛代价，仅仅为了印证自身的赤诚之心。和氏璧千古留名，后来还在"完璧归赵"的历史故事中扮演过重要角色，是举世公认的无价之宝。

然而，它的被认可竟然是卞和历经千难万险而不改初衷的抗争换来的，着实令人唏嘘。生命个体之“诚”，通俗地讲，就是对得起自己的心，以黑为黑，以白为白，不妥协，不附和，坚持自己认定的信念。卞和历三代国君而不言弃，这其中有数十年的风霜和苦难，如果心中欠缺信念，是很难坚持下去的。

晏殊之诚

原文 晏元献公为童子时，张文节荐之于朝廷，召至阙下。适值御试进士，便令公就试。公一见试题，曰：“臣十日前已作此赋，有赋草尚在，乞别命题。”上极爱其不隐。及为馆职时，天下无事，许臣寮择胜燕饮。当时侍从文馆士大夫为燕集，以至市楼酒肆，往往皆供帐为游息之地。公是时贫甚，不能出，独家居，与昆弟讲习。一日选东宫官，忽自中批除晏殊，执政莫谕所因，次日进覆，上谕之曰：“近闻馆阁臣寮无不嬉游燕赏，弥日继夕。唯殊杜门，与兄弟读书。如此谨厚，正可为东宫官。”公既受命，得对，上面谕除授之意。公语言质野，则曰：“臣非不乐燕游者，直以贫，无可为之。臣若有钱，亦须往，但无钱不能出耳。”上益嘉其诚实，知事君体，眷注日深。仁宗朝，卒至大用。

——《梦溪笔谈·晏殊传》

译文 晏殊少年时被张文节举荐给朝廷，宋真宗召见他，并命他与当时在场的千余名进士一起参加殿试。看到试题后，晏殊说：“我曾经做过这样的文题，草稿还在，请换其他题目考我。”皇帝非常欣赏他诚实不欺的品格。晏殊为官后，恰值天下太平，游乐成风，大臣们退朝后往往在酒肆欢宴作乐。而晏殊家境贫寒，没有钱吃喝玩乐，整天在家闭门读书，与兄弟讲解诗文。一日，真宗忽然任命晏殊为太子导师，朝野不解，真宗解释道：“听说近日臣子们整天都游玩宴饮，唯有晏殊闭门苦读，他如此谨慎自重，正适合在太子身边任职。”晏殊受命谢恩，真宗再次夸奖他闭门苦读一事。晏殊却直言禀报道："臣不是不想出去玩乐，实在是因为家贫无钱，这才闭门读书。"皇上闻言，愈发夸奖晏殊的诚实与直率。到了宋仁宗执政时，晏殊终获大用。

浅析　晏殊是北宋名臣，也是著名词人，词作中"无可奈何花落去，似曾相识燕归来"一句最为后人熟知。他为宰相期间，以刚直坦率著称。他的诚更多地体现在"不欺"、"不隐"、"直言不讳"。

第二节　信：向外关涉的尺度

"信"的文字记录开始得比"诚"要早。它最早出现在晚商以降青铜器上的金文当中，如战国中山王鼎上铸有"余知其忠信也"字样。四书五经当中，多处可见关于"信"的记载，如，"信誓旦旦"（《诗经·卫风·氓》），"信及豚鱼"（《周易·中孚》），"选贤与能，讲信修睦"（《礼记·礼运》）。而在日常用语当中，也常常出现"信"的踪迹：如"信物"，指的是两人之间的凭记之物；"印信"，指的是古代公文书所用印记的通称，大概类似于我们今天的公章；"信风"，指的是如期而至的风；"信用"，指的是可以预期的信任；"信史"，指的是客观、真实的历史记录；等等。

"信"，至少发生在两个人之间的关系当中，涉及自身外在的言行，涉及人与人之间的作用和影响。如果说"诚"的重心在于我，"信"的重心则在于人，尤其在于自身言行对他人的影响。所以，"信"是一种主体间的道德准则，而并不仅仅关系到一己之诚。

与"诚"一样，"信"的观念也体现在人们对神灵的态度上。在先秦天命观的大背景下，各国之间的盟誓最早是原始的诅誓咒语，是对神灵的承诺和保证，如“杀牲歃血，告誓神明，若有背违，欲令神加殃咎，使如此牲也”。古人将盟誓的约束力诉诸神明，实际上是将道德力量与宗教力量紧密结合以达到定约目的的一种手段，后来这种“信”的观念就延伸为我们处理人际关系的基本准则。

引经据典

信以守礼，礼以庇身。信、礼之亡，欲免，得乎？

——《左传·成公十五年》

在上位者，洒濯其心，壹以待人，轨度其信，可明征也，而后可以治人。夫上之所为，民之归也。上所不为，而民或为之，是以加刑罚焉，而莫敢不惩。若上之所为，而民亦为之，乃其所也，又可禁乎！……信由己壹，而后功可念也。

——《左传·襄公二十一年》

国之所以治者三：一曰法，二曰信，三曰权。……信者，君臣之所共立也……民信其赏则事功成，信其刑则奸无端。惟明主爱权重信，而不以私害法。

——《商君书·修权》

其王信明圣，其臣乃正。何以知其王之信明信圣也？曰：慎使能而善听信之。使能之谓明，听信之谓圣，明信圣者，皆受天赏，使不能为昏，昏而妄也者，皆受天祸。

——《管子·四时》

扩展阅读

桐叶封疆

原文 成王与叔虞戏，削桐叶为珪以与叔虞，曰：“以此封若。”史佚因请择日立叔虞。成王曰：“吾与之戏耳。”史佚曰：“天子无戏言。言则史书之，礼成之，乐歌之。”于是遂封叔虞于唐。

——《史记·晋世家》

译文 西周年间，周成王与弟弟叔虞一起游玩，成王将一片桐叶削成珪的样式，递给叔虞，道："以此为证，封你为侯"。史官（一说"周公"）于是上前奏请成王择吉日封叔虞为侯。成王说："这哪儿能当真呢？我跟弟弟不过是在做游戏罢了。"史官却说："君无戏言。天子一言既出，便有史书记载，便有礼乐应和。岂可儿戏？"于是，成王便真的封叔虞做了唐地的诸侯（在今天山西翼城一带）。

浅析 桐叶封疆之事，发生在周成王十二三岁。按理说那不过是孩子之间最常见的游戏与玩笑，然而，史官却及时指出，身为一国之君，不可罔顾信义，必须言出必行，否则会被人民视为笑柄，从此再无威信可言。固守诚信，不仅为立身之本，更是立国之本，这正是周成王 20 岁亲政之后能开启"成康之治"的重要原因。

烽火戏诸侯

原文 褒姒不好笑，幽王欲其笑万方，故不笑。幽王为烽燧大鼓，有寇至则举烽火。诸侯悉至，至而无寇，褒姒乃大笑。幽王说之，为数举烽火。其后不信，诸侯益亦不至。……西夷犬戎攻幽王。幽王举烽火征兵，兵莫至。遂杀幽王骊山下，虏褒姒，尽取周赂而去。

——《史记·周本纪》

译文 周幽王宠妃褒姒花容月貌，但生性忧郁，不爱笑。幽王绞尽脑汁要博她一笑，却屡屡失败。当时，西周为防止西夷犬戎等少数民族入侵，建立了烽火报警制度：一有敌情便举烽火为号，这样一来，各诸侯国观狼烟而动，百里驰援。幽王为逗褒姒开心，平安无事也点起烽火，褒姒见各国诸侯被愚弄的狼狈样，终于大笑起来。后来如是再三，诸侯也就不再把狼烟当真。终于有一天，西夷犬戎真的攻来，幽王匆忙号令点燃烽火，但由于过去屡次被愚弄的经历，再也没有诸侯肯出兵相救。最终，周幽王被犬戎杀于骊山之下，褒姒也被掳走，西周财宝被洗劫一空。

浅析　西周终结于周幽王之死。这位帝王在位11年，毫无政绩，只知沉迷酒色，“烽火戏诸侯”是他最为后人所熟知的荒唐事。这无疑是一个升级版的“狼来了”的故事。乡野牧童失信于邻里，损失的是羊群；一个君王失信于他的臣民，后果则要可怕得多、致命得多。尤其是在今天，网络信息混杂而传播速度极快，如何在这样的形势下保持政府的公信力，是每一个国家都面临并需要积极应对的问题。

第三节　诚信：为己与为人的基本规范

前两节我们已经讨论过“诚”与“信”的内涵和意蕴。其中，“诚”指真实的内心态度和品格，体现的是自我的道德修养，用于约束个体；“信”指人际关系中的践约与守诺，更多地体现一种外在的社会关系，是对社会群体的双向或多向要求，用于规范社会秩序。“诚”与“信”虽然有着各自的内涵，但实际上都是以“天道”为本，是天道在不同实践层面上的具体化，因而两者可以互训。

“诚信”作为一个词组连用始于战国中期以后，见《逸周书·官人解》：“父子之间观其孝慈……乡党之间观其信诚。”其后的《管子》、《孟子》、《荀子》等经典当中也陆续出现了“诚信”一词。如“诚信者，天下之结也”（《管子》），“故君子可欺以其方，难罔以非其道。彼以爱兄之道来，故诚信而喜之”（《孟子·万章上》），“端悫诚信，拘守而详”（《荀子·修身》）。由于先秦思想家的提炼和阐发，“诚信”作为一种思想最终得以确立，成为为己为人的基本规范，并被赋予了那个时代特定的道德价值和社会意义。

“诚信”的基本内涵就是诚实信用的品行，其主要内容包括虔诚信奉、诚实守信和忠诚信义等。一般来说，除了“诚信”二字之外，用以表达诚信品行的字词还有“信义”、“忠信”、“义”、“忱”、“直”、“质”等。

一、传统诚信的基本特征

1. 对个体而言，诚信是能力和责任

首先，“天道为诚”对于古人而言是一种极为重要的观念。孔子曾说“天何言哉？四时行焉，百物生焉”，感叹天道不变的四时规律，而万物得以顺应其时而生息繁衍。古人对于“天道”的敬畏，正是由于人与自然界之间紧密深厚的关联，故而追求“天人合一”。既然“诚者，天之道也”，那么，人道追求诚信，亦是天经地义之事。其次，人乃万物之灵长，诚信乃是人相较于万物的超越性之所在。人在日常生活中的良好行为规范，即包括“诚信”在内的“礼”，正是人区别于禽兽之处。好比《穀梁传·僖公二十二年》所言：“人之所以为人者，言也。人而不能言，何以为人？言之所以为言者，信也。言而不信，何以为言？”最后，诚信不仅是人的本分，也是人的能力。孔子强调“人能弘道，非道弘人”，认为人能够通过自身主观能动性的发挥来提升道德修养和思想境界。持性善论的孟子更是将孔子这一观点发扬光大，提出了人有四端之心，即“恻隐之心”、“羞恶之心”、“恭敬之心”和“是非之心”，并进一步指出如果没有四端之心，便不足以称其为人。从这里出发，孟子推导出了人的美德和理性，称之为“良知良能”。只要充分发挥良知良能的作用，人人皆可为尧舜。

2. 在五伦之中，诚信是大众品德和伦理要求

人伦有五，所谓“父子有亲，君臣有义，夫妇有别，长幼有序，朋友有信”。这其中又分为以“父子”和“长幼”等先天血缘关系构成的“天属”，以及以“君臣”、“夫妇”与“朋友”等后天社会关系

构成的“义合”。诚信是五伦当中基本的伦理要求，尤其体现在君臣之义和朋友之信上。

君臣关系有严格的贵贱、尊卑和名分上的规定与约束，但归根结底它是一种基于利益交换的彼此需要，相对于天属关系是比较松散的，因而才有“君之视臣如手足，则臣视君如腹心；君之视臣如犬马，则臣视君如国人”的说法。如此一来，诚信之道对于维护君臣关系就显得尤为重要。我们常常听到的春秋战国时期的君主为了招贤纳士、取信于民而“千金买马骨”或是“桐叶封疆”的故事便是其中的例子。《左传·僖公二十五年》中还记载了有关晋文公的一则史实：晋文公率兵攻打原城，出征前下令只带三日军粮，三日攻不下便班师还朝。然而，三日后，原城始终未降。文公下令撤兵，探子来报：“再等等吧，原人快顶不住了”，将领们也说：“再围攻几天试试看。”晋文公却道：“信，国之宝也。这是人民的依托之所在。倘若我们得了原城却失了信用，将来人民何所依托？如此一来，我们的损失岂不是更大？”于是撤军。不料，才刚退了一舍之地，原城之人便因服膺于晋文公的诚信而开门归顺了。

朋友关系与其他四伦相比显得更加自由、自主而充满活力。朋友之伦超越了血缘、功利和社会阶层，不纠缠于世俗名分，也不牵制于社会等级，因而其对于道义和情义的要求就更高。孟子告诫弟子交朋友应该“不挟长，不挟贵，不挟兄弟而友。友也者，友其德也，不可以有挟也”。古往今来伟大的友谊有很多，无不是以诚相待、以义相守、以意趣相投。东汉时，荀巨伯去探望一位生病的朋友，恰逢胡匪攻城。友人对荀巨伯说：“我今天是要死在这儿了，你赶紧走吧。”巨伯却说：“我是专程赶来看你的，如果就这样走了，我就是贪生怕死，置朋友义气于不顾，这种事儿我可做不出来。”匪兵来后，对巨伯说：“我们一来，整个城的人都跑光了，你是谁？竟敢留下来？”巨伯答道：“我的朋友生了病，不忍心丢下他不管。你们如果要杀的话，请杀了我，放过我的朋友。”胡匪听了，面有愧色，互相道："我们是无义之人，却到了有义之国。"于是就此撤兵。因为荀巨伯的高义，整个城池都得以保全。朋友之义，最考验一个人的品格。因为朋友之间完全平等，没有利益或血缘的制约，彼此以情义相对，仅仅受各自的品德影响。因此，诚信在朋友之间是最基本的道德诉求。

3. 在国家之间，诚信是军事和政治的需求

春秋战国年间，列国之间征战不休，军事和政治的交接与营谋十分频繁。这一时期的政治生活中对诚信的需求很大，有时诚信甚至起着决定性的作用。

就军事而言，唐代李筌所著《太白阴经》中道："盖兵者，凶器；战者，危事。阴谋逆德，好用凶器，非道德、忠信不能以兵定天下之灾、除兆民之害也。"兵器和战争都是危险的，所谓"一将功成万骨枯"，所以应该将它们交到忠信之士的手中，方可避免为害于民、生灵涂炭。同时，理想的军队应该军纪严明、令行禁止，这样方能保证用兵的效率和正义性。

就政治而言，盟誓和人质在很长一段时间内是列国之间政治生活的重要组成部分。单就春秋时期来看，《春秋》一书所记载的会盟就有 109 次。盟誓主要是两国之间化解危机、增进信任的一种仪式。由于当时盟誓的重要性，周天子和各诸侯国都有专门的机构来管理和推动此事，这个机构被称作盟府，其专职管理人员被称作太师。而人质则是除了盟誓之外的另一种国与国之间强化彼此信任的方式。这种人质与今天的人质不可同日而语，虽然它多多少少还是具有被胁迫的意味，但多数是自觉自愿的，是一国为了获取另一国的信任和支持所设的抵押，其对象通常是一国的王储，其过程也会有周密的计划和安排。

当然，这一切在孔子看来不过是礼崩乐坏的表现。恰恰是因为失信的苗头四起，列国之间才需要以盟誓和人质来维持基本的诚信。而"信不由中，质无益也"，如果双方不具备诚信的诚意和基础，就算互设人质也不过是镜花水月一场空。倘若双方之间有真正的信用，又何必一定要设立人质来维护彼此的信任呢？

二、传统诚信的当代价值

诚信作为一种美德是中华民族文化之宝，但它不仅属于历史，更属于当下。尤其是在今天的中国，诚信美德是一种重要的思想资源和价值指引。党的十六大特别强调现代诚信建设对传统诚信文化的继承，即在“与社会主义市场经济相适应、与社会主义法律规范相协调”的同时，也要与“中华民族传统美德相承接”。而党的十八大报告更是直接提出“倡导富强、民主、文明、和谐，倡导自由、平等、公正、法治，倡导爱国、敬业、诚信、友善，积极培育和践行社会主义核心价值观”。诚信的当代价值主要体现在四个方面。

1. 诚信能够提供一种哲学智慧

孟子所说的“诚者，天之道也”，不仅仅是一种道德观，更是一种世界观。正是由于这种观念的存在，在传统文化中，诚信被升华到了宇宙必然法则的地位。由此，它不仅是人与人的关系法则，也是人与鬼神的关系法则，更是天地自然运行的基本法则。如果说诚信作为人对鬼神的承诺与信仰是令人畏惧的，那么诚信作为天地自然运行的基本法则则令人敬仰。这种敬畏应该是自古以来诚信得以切实践行的价值依据。

2. 诚信能够呈现一种历史深度

诚信是我们的祖先从漫长的历史实践中总结出来的行之有效的道德规范。一般来说，我们认为诚信的规范是由圣贤所开创的。《史记·五帝本纪》中记载，舜“举八元，使布五教于四方，父义，母慈，兄友，弟恭，子孝，内平外成”。可以说，诚信的逐步健全是人类从蒙昧走向文明的历史记录，是人类摆脱兽性、彰显人性的重要标志，也是人类从本体人转变为道德人的基本环节。恰恰是因为有了诚信的约束力，人类的理性才得以发挥作用。正是借助诚信这一初始命题，人类开始对“我是谁”和“我应该是谁”有所回应。这其中有人类最初的道德选择、道德目标和道德实践。从这里开始，人类开始了对他人的理解和尊重，开始了对自我的了解和控制，也开始了对道义与责任的领会和实践。对诚信的倡导乃是对数千年人类文明史的回溯和尊重。

3. 诚信能够开示一种伦理启迪

诚信美德作为一种伦理启示主要体现在以下几个方面：首先，诚信是人类社会属性的必然需要，是人与人交往正常展开的保证。正是因为有了诚信，人与人之间戒备减少而亲和增多，人们才有了深入交往的可能性。其次，诚信能够体现出人与人之间的人文关怀，而不仅仅是彼此利用的利益关系。诚信将他人得到利益视为目的，而不是将通过他人得到利益视为目的，其底蕴乃是对人最本质的尊重。最后，诚信是一种自觉自愿的实践行为，它是对人对己的忠诚。前面我们已经提到过，“诚”是向内指涉的律令，“信”则是向外关涉的尺度，同时做到这两点的诚信之人便做到了对自我的完善和对他人的成全。

4. 诚信能够展现一种道德激励

一个人一旦做到了诚信，他便已经从两个方面受到了激励，一方面是自我的实现，另一方面是道德境界的完成。由于诚信是人生而为人的内在要求，是人与禽兽的本质区别，是人在社会化生活当中安身立命的基础，因此，诚信体现了一个人完善健全的人格与严肃自律的操守。

引经据典

贞观十年，魏徵上疏曰：臣闻为国之基，必资于德礼，君之所保，惟在于诚信。诚信立则下无二心，德礼形则远人斯格。然则德礼诚信，国之大纲，在于君臣父子，不可斯须而废也。故孔子曰：“君使臣以礼，臣事君以忠。”又曰：“自古皆有死，民无信不立。”文子曰：“同言而信，信在言前；同令而行，诚在令外。”

然而言而不信，言无信也；令而不从，令无诚也。不信之言，无诚之令，为上则败德，为下则危身，虽在颠沛之中，君子之所不为也。……夫君能尽礼，臣得竭忠，必在于内外无私，上下相信，上不信，则无以使下，下不信，则无以事上，信之为道大矣。昔齐桓公问于管仲曰："吾欲使酒腐于爵，肉腐于俎，得无害霸乎?"管仲曰："此极非其善者，然亦无害于霸也。"桓公曰："如何而害霸乎?"管仲曰："不能知人，害霸也；知而不能任，害霸也；任而不能信，害霸也；既信而又使小人参之，害霸也。"

——《贞观政要·诚信》

修身处世，一诚之外，更无余事。故曰："君子诚之为贵。"自天子至于庶人，未有舍诚而能行者也；今人奈何欺世盗名，矜得计哉?

——《朱舜水集》

德性之中，最普及于行为者，曰信义。信义者，实事求是，而不以利害生死之关系枉其道也。社会百事，无不由信义而成立，苟蔑弃信义之人，遍于国中，则一国之名教风纪，扫地尽矣。

——《蔡元培全集》

对人诚信，人不欺我。对事以诚信，事无不成。

——冯玉祥：《冯氏族约》

扩展阅读

曾子杀猪

原文　曾子之妻之市，其子随之而泣。其母曰："女还，顾反为女杀彘。"妻适市来，曾子欲捕彘杀之，妻止之曰："特与婴儿戏耳。"曾子曰："婴儿非与戏耳。婴儿非有知也，待父母而学者也，听父母之教。今子欺之，是教子欺也。母欺子，子而不信其母，非所以成教也。"遂烹彘也。

——《韩非子·外储说左上》

译文　曾子的夫人要到集市上去，她的儿子哭着闹着要跟着去。母亲就对儿子说："你回去，等我回来杀猪给你吃。"她刚从集市上回来，曾子就马上要去杀猪。他的妻子阻止他说："我不过是和孩子开玩笑罢了，你居然信以为真了。"曾子说："小孩是不能和他开玩笑的啊！小孩子没有思考和判断能力，等着父母去教他，听从父母的教导。今天你欺骗孩子，就是在教他欺骗别人。母亲欺骗了孩子，孩子就不会相信他的母亲，这不是用来教育孩子成为正人君子的方法。"于是曾子到底还是把猪杀了，煮肉给孩子吃。

浅析　家庭关系中常常由于亲昵而开一些不恰当的玩笑，尤其是长辈对晚辈，常常以戏言将一些基本的道德问题轻轻带过。然而，家庭教育实际上是个人教育当中极为重要的一个环节。曾子用自己的行动教育孩子要言而有信、诚实待人，这种教育方法是可取的。曾子的这种行为说明，成人的言行对孩子影响很大。待人要真诚，不能欺骗别人，否则会将自己的子女教育成一个待人不真诚的人。

良心油条

2012 年，有一位卖油条的小伙子红了。

这位名叫刘洪安的保定青年被中央电视台、光明网、新华网等主流媒体宣传报道，原因非常简单——他坚持每天用新油炸油条，而不用一滴复炸油。

神州的大街小巷，油条摊何止万千，但刘洪安是其中唯一一位在招牌上打出"安全用油，杜绝复炸"这一醒目标语并切实执行的摊主。为了向顾客证明自己炸油条所用的是新油，刘洪安特地将鉴别复炸油的方法贴在窗口，还在油锅边放了一把"验油勺"，供顾客随时抽检。

反复使用的食用油对健康危害很大。实验结果表明，食用油反复使用7次，则其中有毒物质丙二醛含量超标可达160倍，对人体的肝、肾、脾损伤较大，甚至可能致癌。油条作为街头巷尾最为常见的餐点，在广大民众当中有很高的需求量，但商家往往为了节约成本而不更换食用油，从而导致潜在的食品安全问题。更为讽刺的是，这些无良商家都不会吃自己制作的油条，因为复炸油炸出的油条的危害所有人都心知肚明。

刘洪安的油条被大家称为“良心油条”，在食品安全问题日益严重的今时今日，显得弥足珍贵。就算他的油条比市价贵出一些，刘洪安的摊位前仍然有很多顾客，油条供不应求。民众对于诚信的看重，由此可见一斑。

“人无信不立，业无信不兴，国无信则衰”，诚信原本就是商家安身立命之本。坚守道德底线的刘洪安不仅取得了商业上的成功，更获得了内心的安宁。每天上午9时许，吃完早点的人们逐渐散去，刘洪安才得以端上一碗小米粥拿上两根自家的油条开始享用早餐。“自己都不想吃的东西，怎么好意思让别人吃，”他说，“我卖的不是油条，是生活。只有踏实做好每一件事，才能坦然享受生活。”这个时候，他内心的平静与安宁也许抵得过世上所有的黄金。

在良心油条的背后，我们看到的是整个社会对于诚信的渴求。回过头来看，售卖安全健康的食品，难道不是每一个商家应该做的吗？恰恰由于诚信的稀缺，才使得“良心油条”的“理所当然”成为“难能可贵”。对此，我们似应进行更为深入的思考：如何以一根“良心油条”带动商界诚信之风？乃至，全社会的诚信又何以可能？

章末小结

本章主要对“诚”、“信”和“诚信”做了一番概念梳理。“诚”

更多地指涉个体的内在，指一种真实、诚恳的内心态度和内在品质。“信”至少发生在两个人之间的关系当中，涉及自身外在的言行，涉及人与人之间的作用和影响。“诚信”则重在强调内外兼修，同时主张人独善其身时的正心诚意，以及在社会关系中的忠实守信。

推荐影片：

片名：《赵氏孤儿》（2010）

导演：陈凯歌

主演：葛优、王学圻、黄晓明、范冰冰、海清、赵文浩、王瀚、赵文卓、鲍国安、张丰毅

片长：123 分钟

简介：春秋时期，晋灵公不喜权臣屠岸贾当道，且厌丞相赵盾专横。赵盾之子赵朔双喜临门，不仅战功卓著，而且妻子庄姬也身怀六甲。屠岸贾视之为心腹大患，设计在朝堂上投毒，借灵公之口，灭赵氏九族。庄姬在大夫程婴诊脉时，目睹夫君赵朔身亡，悲痛中生下婴儿。此时，屠岸贾手下韩厥前来灭种。临危之际，庄姬将婴儿托付程婴，让他交给公孙杵臼，后拔剑自刎。屠岸贾下令封城，挨家挨户搜查婴儿。情急之下，程妻把赵孤交上。程婴前去认领赵孤，程妻去见公孙杵臼。因封城，程妻母子被藏于影壁墙内。屠岸贾设苦肉计，逼程婴说出婴儿下落，相继诛杀公孙杵臼及程妻母子。程婴强忍悲痛，独自抚养赵孤。韩厥在求医时了解到真相，与程婴结下生死同盟。程婴携赵孤投奔屠岸贾门下，并让屠岸贾认下赵孤为义子。从此，展开了长达 15 年的复仇计划……

第二章

诚信的历史溯源

第一节　诚信的原初形态

诚信的原初形态是盟誓。

“盟誓”二字亦可分解。“盟”字见于甲骨文和金文，我们可以据此推断，盟起源于原始部落时期。部落之间为了确保约定的履行，需要请神灵来作为见证。《说文解字》载：“盟，杀牲歃血，朱盘玉敦，以立牛耳。”《释名・释言语》载：“盟，明也，告其事于神明也。”盟的本意是上告于神，歃血为凭。“誓”字多见于西周铭文。《礼记・曲礼》载：“约信曰誓。”《说文解字》载：“誓，约束也。”段玉裁注：“凡自表不食言之辞皆曰誓，亦约束之意也。”可见，誓的本意是凭借语言的力量，确保誓言付诸实施。总而言之，盟誓是依仗神灵之力来保证誓言的神圣性，其背后是诅咒的力量，即如果背誓，就是对神灵的亵渎，将会受到神灵的惩罚。

然而，随着人对自然界的认知能力的提高，人类的自我意识开始觉醒，神灵的地位也被动摇了，人们不再像从前那样唯天命是从。而这种变动当然也会体现在人们的社会交往和人际关系层面。人与人之间的关系渐渐地不再仅仅依靠神的庇佑和保障，而更多地注入了人性和人格。这是盟誓向诚信过渡的时代背景。

事实上，在中国历史上，人们还有另一种达成约定的形式，那就是“胥命”。《春秋左传集解》注曰：“申约，言以相命而不歃血也。”也就是说，定约双方仅凭口头承诺而不举行歃血仪式，是一种建立在双方信义基础之上的“君子之约”。胥命不再凭借鬼神之力，转而倚重人的信义和人格，这本身就是一种巨大的进步，也是古人的理想。《荀子》中讲：“不足于行者，说过；不足于信者，诚言。故《春秋》善胥命，而《诗》非屡盟，其心一也。”可见，不论是《荀子》、《春秋》还是《诗经》都将胥命视为人类道德自律的典范，而将借助神鬼之力的盟誓视为应该遭到贬抑的活动。这是人格对神格的反抗，也是中国传统诚信观念对神性束缚的一次突破。

扩展阅读

黄泉相见

原文 初，郑武公娶于申，曰武姜。生庄公及共叔段。庄公寤生，惊姜氏，故名曰寤生，遂恶之。爱共叔段，欲立之。亟请于武公，公弗许。及庄公即位，为之请制。……书曰："郑伯克段于鄢。"

……遂置姜氏于城颍，而誓之曰："不及黄泉，无相见也！"既而悔之。颍考叔为颍谷封人，闻之，有献于公，公赐之食，食舍肉。公问之，对曰："小人有母，皆尝小人之食矣，未尝君之羹，请以遗之。"公曰："尔有母遗，繄我独无！"颍考叔曰："敢问何谓也？"公语之故，且告之悔。对曰："君何患焉？若阙地及泉，隧而相见，其谁曰不然？"公从之。公入而赋："大隧之中，其乐也融融！"姜出而赋："大隧之外，其乐也泄泄！"遂为母子如初。

——《左传·隐公元年》

译文 郑武公有妻名为武姜。武姜生了两个孩子，一个是庄公，一个是共叔段。因为郑庄公是难产而生，令武姜受了很多折磨，所以武姜从小就不喜欢他，却偏爱庄公的弟弟共叔段，想要立共叔段为国君。武姜屡次向武公请求此事，武公都不答应。后来庄公即位，武姜又为共叔段要求封地，步步越界，终于导致兄弟反目。

庄公厌憎母亲的偏心，将武姜安排在颍城，并发誓道："不及黄泉，不与你相见。"说完之后庄公便后悔了。颍考叔为颍谷地方官，听说这件事，就向庄公献礼。庄公赐他食物，他吃的时候专门把肉留下来。庄公问他为什么，颍考叔说："我的母亲吃过我的食物，却未曾尝过国君的食物，所以我想留下来给她吃。”庄公感慨道：“你有母亲可惦记，偏偏我却没有啊。”颍考叔问：“这话怎么讲呢?”庄公便将原委告之，也告诉了自己的悔意。颍考叔便出主意道：“国君不必过虑，如果在地上掘一个泉眼，然后你跟母亲在隧道中相见，不就是黄泉相见了吗?”庄公照办，于是和母亲在隧道里相见了，双方尽释前嫌，遂为母子如初。庄公说道：“大隧之中，其乐也融融。”其母也说：“大隧之外，其乐也泄泄。”

浅析　撇开庄公与其母其弟的恩怨不谈，我们只说庄公“黄泉相见”的誓言。他的懊悔和苦恼都是因为他对这句誓言的重视。最后为了践行这个誓言，他不得不大动干戈地掘地及泉，以与母亲相见。古人相信语言的力量，相信所谓“言灵”的存在，归根结底还是相信鬼神之力的缘故。

荆轲刺秦

原文　荆轲知太子不忍，乃遂私见樊於期曰：“秦之遇将军可谓深矣，父母宗族皆为戮没。今闻购将军首金千斤，邑万家，将奈何?”於期仰天太息流涕曰：“於期每念之，常痛于骨髓，顾计不知所出耳!”荆轲曰：“今有一言可以解燕国之患，报将军之仇者，何如?”於期乃前曰：“为之奈何?”荆轲曰：“愿得将军之首以献秦王，秦王必喜而见臣，臣左手把其袖，右手揕其胸，然则将军之仇报而燕见陵之愧除矣。将军岂有意乎?”樊於期偏袒扼腕而进曰：“此臣之日夜切齿腐心也，乃今得闻教!”遂自刎。……太子及宾客知其事者，皆白衣冠以送之。至易水之上，既祖，取道，高渐离击筑，荆轲和而歌，为变徵之声，士皆垂泪涕泣。又前而为歌曰：“风萧萧兮易水寒，壮士一去兮不复还!”复为羽声慨，士皆瞋目，发尽上指冠。于是荆轲就车而去，终已不顾。

——《史记·刺客列传》

译文 荆轲知道燕太子不忍心杀害樊於期，便私自去见樊於期，对他说："秦王与将军，可谓有深仇大恨，父母宗族都被他杀害，现在又重赏缉拿将军，你难道没什么打算吗？"樊於期仰天长叹，痛哭流涕："我每想到这些，真是恨入骨髓，就是想不出什么好办法来！"荆轲说："现在我有个计策，既可解燕国的忧患，又能报将军深仇，你看怎么样？"樊於期问是什么计策，荆轲便道："我把将军的首级献给秦王，秦王必定很高兴接见在下，这样我便可以左手拽住秦王的袖子，右手以剑刺其胸。如此一来，将军大仇得报而燕国也得以一雪前耻。将军可愿意？"樊於期赤膊取长剑在手说："我朝思暮想要报这切齿之恨，今日幸得指教！"于是自尽了。……荆轲出发前往秦国当天，燕太子和知道这件事的门客，都穿着白衣，戴着白帽给他送行。到易水上，祭过路神，就要上路。高渐离敲着筑，荆轲和着节拍唱歌，发出变徵的声音，众宾客都流着眼泪小声地哭。荆轲又上前作歌唱道："风声萧萧悲鸣啊易水彻骨寒冷，壮士这一离去啊就永远不再回还！"又发出悲壮激昂的羽声。众宾客都睁大了眼睛，头发都向上竖起顶住了帽子。于是荆轲上车离去，始终不曾回头看一眼。

浅析 《荆轲刺秦》的故事我们已经非常熟悉，这里节选的是其中两个尤为动人的片段。樊於期与秦王有深仇大恨，燕太子丹则于他有收留保命之恩。樊於期自刎献头，一为报秦王之仇，一为报燕太子之恩，而这一切仅仅发生在荆轲的三言两语之后，足见樊於期对荆轲之信任，信到可以将性命交付。可以说，樊於期献头是《荆轲刺秦》的故事中最令人动容的一幕，这就是"胥命"的典型范例，没有仪式，没有鬼神之盟，只有人格的担保，只有语言的承诺，但这一诺，重逾泰山。荆轲为了实践这个诺言，最终也付出了生命的代价。

第二节 先秦诸子时期的诚信观

早期的诚信并没有形成固定的思想观念，人们在一定程度上还保留着原始宗教式诚信的质朴形态，也受到政治世俗化的冲击而具有显著的功利性。随着时间的推移和文化的积淀，诚信才逐渐被先秦诸子百家升华而成一套理论观念。这里简单列举儒家、法家和道家的诚信观。

一、儒家的诚信观

儒学是中国传统社会的主流思想。在中国历史上源远流长、影响深远，并且时至今日仍然支配着中国人的思想观念和日常生活。儒家以伦理思想为其核心，而诚信伦理则是其中至关重要的一维。孔子有“民无信不立”的说法，孟子则提出了“诚者，天之道也；思诚者，人之道也”的观点，荀子也有“信信，信也；疑疑，亦信也”的思想。他们从各自的时代背景和价值预设出发，对位列儒家五常之一的“信”进行了梳理、研究和阐发。

孔子是儒家的创始人，对于诚信十分看重。仅就《论语》而言，其中涉及“信”的伦理阐释的有 36 处，这些阐释使得“信”的内涵得以丰富和深化。诚信的含义有二：一为诚实不欺，二为守信践诺。就“诚实不欺”而言，孔子曾做过这样的阐释：他认为，王道应该“多信而寡貌。其礼可守，其信可复，其迹可履。其于信也，如四时春秋冬夏”。就是说，君王取信于民，应该多讲信义而少做表面文章，最终使得人民对君王的信任，能够像相信四季的流转和万物的枯荣一样，如此自然而笃定。一个君子，一位德行完善的人，应该做到对人对己真诚。不够真诚或是颠倒是非的行为，是君子的耻辱。就“守信践诺”而言，孔子指出君子应该做到“言之必可行也。君子于其言，无所苟而已矣”。这句话实则包含了两个层面上的要求：首先，许诺不能仅仅贪图一时的口舌之快，而应充分考虑该承诺的可行性，以保证说出口的诺言能够得到践行；其次，在这个基础上，不论外在条件和个人状况有了怎样的改变，君子都应信守承诺，绝不能以今日之诚否定往昔之诚。

“仁义礼智信”这五个伦理范畴并称五常，它们彼此关联、互相渗透，是一个密不可分的有机整体。故而，孔子的论述中也常常谈到诚信与其他四常之间的关系。“仁”是孔子整个思想体系中的最高范畴，也是孔子思想的至高统摄和终极目标。孔子曾说“能行五者于天下，为仁矣”，也就是说，能做到“恭宽信敏惠”这五点的人，便已达到了“仁”的境界。可见，“信”还是“仁”的组成元素和达成途径。“义”与“信”之间有共通之处，因为它们都是对承诺的坚贞和固守，然而孔子又说“君子义以为质……信以成之”，将“义”视为君子人格的基底和本质，而“信”则是完善君子人格的手段。所以孔子也主张，当“信”与“义”相冲突时，要“贞而不谅”，即在审慎的权衡之后应坚持道义而不是狭隘的承诺。“礼”是“信”的旨归，也是形成社会信任关系的手段。“智”是“信”的理性指导，有了“智”的保障，才不会做出错误的承诺，才不会因固守诺言而被人利用。

在孟子那里，“信”虽然被摈除在“仁义礼智”四端之外，但他还是为“信”的思想观念带来了新的发展。首先，“信”被孟子纳入了“五伦”之中。所谓“五伦”，是孟子提出的必须遵循的五种人伦关系准则，包括“父子有亲，君臣有义，夫妇有别，长幼有序，朋友有信”。这是“信”第一次被提升到人伦的维度之上。其次，孟子确立了“惟义所在”的诚信思想原则。在孟子之前，作为一种道德规范，诚信是没有明确的评价标准的。而到了孟子这里，他尝试给出了一个标准，即“言不必信，行不必果，惟义所在”，从而将“义”放在了评价标准的地位上。最后，在实践层面上，孟子强调了

"信"的政治功能。他认为倘若举国上下都孝悌忠信，就能形成无坚不摧的力量，反之，如果一个国家欠缺起码的社会信用，其前景则堪忧："朝不信道，工不信度，君子犯义，小人犯刑，国之所存者幸矣。"孟子在政治层面上讲的诚信主要是对统治者的要求和期许。因为在他看来，诚信的普及必须是统治者垂范的结果。

荀子则尤其注重在"群"的整体语境下对诚信进行探讨，也就是，在社会共同体和人际关系当中的诚信观念。由于荀子所抱持的是性恶论，他十分重视"嫉妒"与诚信的关系，得出了"世之灾，妒贤能"的结论，直接将嫉妒指认为"不诚信"的表现。国君也好，朝臣也罢，在名利是非的旋涡当中，如果为了战胜对手而不择手段，"不恤是非，然不然之情，以期胜人为意"，那么终究也只是嫉贤妒能的小人。以国君为例，嫉贤妒能的君主被荀子称为"暗主"，荀子甚至将夏朝和周朝的覆亡归咎于暗主的嫉妒。"闇（同'暗'）主妒贤畏能而灭其功，罚其忠，赏其贼，夫是之谓至闇，桀、纣所以灭也。"嫉妒导致国君的决策错误，导致人才流失，导致佞臣当道，并最终将导致国运的衰微。荀子认为，为了避免这种情况的发生，君主应该虚怀若谷，如此一来，臣下才能淡泊名利。另外，荀子还特别强调了"智"与诚信的紧密关联。他提出"诚信如神"人不欺，还提出"信信，信也；疑疑，亦信也"，认为君子应该相信可信之士，怀疑可疑之人，这就把诚信与基于智慧的鉴别能力结合到了一起。最后，荀子在儒家先贤的基础之上，深入地探讨了"礼"与诚信的关系，认为将诚信内化为君子品格是"礼"的目标，因为礼是客观世界和人类情感的真实反映，也就是说，"礼"本身就已经蕴含了"信"。明礼守礼之人，贯通了天道与人道，也就不会受到蒙蔽和欺骗。

二、法家的诚信观

法家是我国战国时期的重要思想流派，其主要思想是"不别亲疏，不殊贵贱，一断于法”。法家流派主要的代表人物是商鞅和韩非子。在诚信观念方面，法家的贡献主要在于：首先，基于对人性好利的深刻认识，重新界定了诚信观念的价值和意义；其次，法家将诚信打造成为一套行之有效的统治工具；最后，法家对于诚信的政治意义的强调，乃是为了服务于其“法治国”的核心理论。

韩非子是先秦法家思想的集大成者，他的全部思想建基于对“人性好利”的深刻认识和阐发之上，其诚信观也不例外。在韩非子那里，人“以肠胃为根本，不食则不能活，是以不免于欲利之心”（《韩非子·解老》），因而父母与子女、君主与臣民以及其他推而广之的社会关系统统出于自利，而所谓的父慈子孝、君惠臣恭都是子虚乌有的空话。既然如此，韩非子随即提出，人不可信，唯一值得相信和倚重的是具有普适性的法，“矫上之失，诘下之邪，治乱决缪，绌羡齐非，一民之轨，莫如法。属官威民，退淫殆，止诈伪，莫如刑”（《韩非子·有度》）。对于国君而言，施法于官员可以令他们俯首帖耳，施法于民众可以一统他们的思想观念和行为准则。因此，培养官员和民众的法律信仰是国君治国的基石。韩非子所讲的“信”，乃是对法律的信仰、信任和信赖。在他看来，“信”毋宁说是一种统治工具。国君取信于民，是为了进一步立威以维护其统治。正所谓“小信成则大信立，故明主积于信。赏罚不信，则禁令不行，说在文公之攻原与箕郑救饿也。是以吴起须故人而食，文侯会虞人而猎。故明主表信，如曾子杀彘也。患在尊厉王击警鼓与李悝谩两和也”（《韩非子·外储说左上》）。

韩非子的诚信观纯然是从维护君主的统治秩序出发，将诚信视为一种手段和工具，并没有上升到伦理层面，但他对法律信用的推崇却值得后世思考和参照。

三、道家的诚信观

以老子和庄子为代表的道家对诚信观念持否定和批判的态度，

然而他们采取这种态度的理由似乎更值得追究。道家的创始人老子生活在礼崩乐坏的春秋末期，他认为恰恰是“仁义礼智信”等人为强加的道德规范破坏了人的本真状态，从而导致了人心的动荡和时代的乱局。老子说，“大道废，有仁义；智慧出，有大伪；六亲不和，有孝慈；国家昏乱，有忠臣”，人的本真状态是圆融的，与天地为一，不受概念和名相的拘束。在老子那里，道德是自足、自洽和自我圆满的，而诚信概念的出现恰恰意味着这种淳朴的道德状态已经失落。

庄子继承了老子返璞归真的道德学说，并进一步高扬人与生俱来的天性，认为“礼者，世俗之所为也；真者，所以受于天也，自然不可易也。故圣人法天贵真，不拘于俗。愚民反此”。更有甚者，庄子对三皇五帝等历代先贤大加笞挞，认为道德沦丧的源头在于他们对于仁义和文明的倡导，“昔者黄帝始以仁义撄人之心，尧、舜于是乎股无胈，胫无毛，以养天下之形。愁其五藏以为仁义，矜其血气以规法度”（《庄子·在宥》）。人们首先有了分别之心，有了仁与不仁的概念差异，才有了阳奉阴违、口是心非。这其中包含着道家“天人合一”的深刻哲学思想，并不仅仅局限于政治或伦理的层面。

从实践层面上讲，老庄的思想恰恰与法家截然相反，他们尤其反对将“信”作为统治手段，反而在政治上强调“无为而治”。对于统治者，道家强调的是减少与限制他们的控制欲和其他私欲，强调“我无为，而民自化；我好静，而民自正；我无事，而民自富；我无欲，而民自朴”（《道德经》），认为统治者可以按其高下分为四等：“太上，下知有之；其次，亲而誉之；其次，畏之；其次，侮之。”最好的统治者，百姓甚至感觉不到他的存在；第二好的统治者，百姓亲近并赞美他；第三等的统治者，百姓畏惧他；最差的统治者，百姓轻侮他。诚信应该在一个质朴而本真的大氛围中被肯定、被培育和被发扬，然而在整体性的虚伪当中去强调诚信，毋宁说是欺世盗名的行径，这样的诚信不值得推崇。

引经据典

故君子者，信矣，而亦欲人之信己也；忠矣，而亦欲人之亲己也；修正治辨矣，而亦欲人之善己也。

——《荀子·荣辱》

古者禹、汤本义务信而天下治，桀、纣弃义倍信而天下乱，故为人上者必将慎礼义，务忠信然后可，此君人者之大本也。

——《荀子·强国》

安术：一曰赏罚随是非，二曰祸福随善恶，三曰死生随法度，四曰有贤不肖而无爱恶，五曰有愚智而无非誉，六曰有尺寸而无意度，七曰有信而无诈。

——《韩非子·安危》

信不足，焉有不信焉。悠兮其贵言。功成事遂，百姓皆谓我自然。

——《道德经》

扩展阅读

商鞅立木

原文　令既具，未布，恐民之不信，已乃立三丈之木于国都市南门，募民有能徙置北门者予十金。民怪之，莫敢徙。复曰"能徙者予五十金"。有一人徙之，辄予五十金，以明不欺。卒下令。

——《史记·商君列传》

译文　商鞅变法的条令已准备就绪，还没公布，担心百姓不相信自己，于是命人在都城市场南门前放置一根高三丈的木头，招募能搬到北门的人，给予十金。百姓看到后对此感到奇怪，没有人敢去搬木头。商鞅又说："能搬木头的人赏五十金。"有一个人搬了木头，就给了他五十金，以此来表明不会欺骗百姓。之后，商鞅才颁布了法令。

浅析　商鞅是法家的代表人物，这则故事发生在他变法之前。为了取信于民，他先从小事做起，建立起自己的信用和权威，之后再颁布新法，这恰恰符合韩非子所说的"小信成则大信立"。对于领导者和政府而言，信用的积聚是"涓滴细流，汇以成海"，需要桩桩件件实事的积累才能建立，然而信用的崩塌却在朝夕之间，值得警惕。

刘延士娶盲妻

北宋时期有一个读书人叫刘延士。他聪明好学，品行也很好，后来到京城参加科举考试，中了进士。一时间很多当朝官员都想把自己的女儿许配给他，但刘延士在家乡已经定亲，于是他婉拒了络绎不绝的提亲者。但是，当他回到家中，却发现那个和他定亲的姑娘因重病而失明了。

刘延士为此很伤心，好几天都足不出户。姑娘的父母都是老实本分的庄稼人，自知女儿配不上已经中了进士的刘延士，所以一直绝口不提嫁女儿的事。几天后，刘延士的母亲对他说："儿啊，不如你还是把这门亲事退了吧，我看女方很通情达理，退亲也不是难事。再说，将来你做了官，家里有一个瞎媳妇，也太丢人了。"刘延士却说："娘，我这几天已经想清楚了，我还是要娶这位姑娘为妻。"他母亲再三地问他："你真的想好了吗？她可什么也看不见啊。"

"不管她能不能看见，只要她愿意嫁给我，我就应该履行约定，娶她为妻。"刘延士心意已决，不久就跟盲女成亲，夫妻二人感情甚笃。

第三节 唐宋明清时期的诚信观

汉代董仲舒在发扬儒术的同时，也继承和发展了先秦诸子的诚信观念，并将诚信纳入三纲五常的范畴之内，使之成为儒家思想最重要的载体之一。同时，汉代其他重要人物如刘向、扬雄、司马迁及班固等也从各自的角度对诚信思想进行了继承和发展。而魏晋南北朝时期政治动荡混乱，充满了攻伐和背叛，更是一个急需诚信的时代，这一时期道教和佛教对诚信思想各有贡献，直接推动了隋唐以降诚信伦理道德的发展。此后，我们可以看到，唐宋明清时期的诚信观念更加理论化，也更加具有实践性和可操作性。

一、唐宋时期的诚信观

唐代政治家魏徵、褚遂良等提出了“信为国本”、“君之所保，惟在于诚信”等思想，这是对先秦诸子思想的继承；思想家韩愈、李翱等则将儒家的“诚”学说推向了天人合一之境，为宋代理学家将诚信提升到本体论地位奠定了基础。有唐以来，上起帝王将相，下至文人墨客，都十分注重诚信思想，对其有大量的阐发和论述。

唐太宗将“诚信”作为他的执政纲领和施政方针，努力倡导社会的诚信之风，可以说是对诚信观念认识最透彻、运用最深入的帝王。在其立国之初，唐太宗便说：“朕看古来帝王以仁义为治者，国祚延长，任法御人者，虽救弊于一时，败亡亦促。既见前王成事，足是元龟。今欲专以仁义诚信为治，望革近代之浇薄也。”（《贞观政要》）他认为，历代帝王当中，以仁义治国的，则国家长治久安，而以酷刑厉法之国的，虽然能够得到一时的安稳，却难免很快衰亡，以史为鉴，以诚信与仁义治国才是根本。此后，他始终躬行诚信之道，也告诫臣子以诚信治事。他偏爱直臣，与直言敢谏的魏徵、张玄素等诚信之臣肝胆相照、精诚合作，是以开创了贞观之治的辉煌局面。其下如唐高宗、武则天、唐玄宗等历代帝王也都纷纷将诚信之理贯通于治国之道当中，在君臣之道、政治统治和民族关系方面都起到了十分积极的作用。

魏徵是唐朝名相，也是唐太宗最为信赖的重臣，他提出“德礼诚信，国之大纲”的指导思想，将诚信作为治国之本。他以直言敢谏著称，曾多次谏止太宗不诚信、不合适的行为。其余诸重臣如房玄龄、杜如晦、张玄素等，也都将诚信为政视为值得追求的政治目标。正是他们的施政和直谏使得唐朝的政治更加理性和开明。

韩愈是唐朝最为重要的思想家和文人之一，他从孟子“仁义礼智根于心”的思想出发，得出了“信”内在于人的本性的结论，认为诚信是人类不可丢弃的德性。韩愈发言直率、操行坚正，虽屡因直率获罪遭贬，却从不改变自身的为人处世之道，始终坚持诚信、坚持原则。他的弟子李翱更是秉承了韩愈对诚信的推崇，进一步将诚信推向了天人合一之境。李翱在《复性书》中写道：“道者至诚而不息者也，至诚而不息则虚，虚而不息则明，明而不息则照天地而无遗，非他也，此尽性命之道也。哀哉！人皆可以及乎此，莫之止而不为也，不亦惑耶?”他将诚信作为性命之道，是上天通达于人事的境界。

可见，唐代的诚信思想是丰富的，正是在这一时期，诚信作为一种美德被发扬光大。这其中既有对前朝的继承和发扬，又有对当下时代状况和生活状态的启发与指导，更有对后世的深远影响。

宋代商业活动已经逐渐繁荣起来，因而在民间，契约原则已经得到建立和完善，法律严格规定产品的质量信用、价格信用、度量衡信用以及中间人信用。这都是此前的时代未曾出现过的新鲜事物，也是诚信在民间普及的契机。宋代的诚信观念主要体现在理学的成就上。宋儒追根溯源，对宇宙、人性等进行理性的、本体的探讨，如周敦颐对“诚”这一概念的深入挖掘，二程所提出的“人道只在忠信”，朱熹对“诚”与“信”、“忠”与“信”以及“信”与“义”概念的反复推敲和比较。理学家对诚信作出的哲学思辨、对诚信伦理作出的提升，不仅使得诚信最终成为中国伦理道德规范的一部分，也折射出中国传统文化的特色。

周敦颐将“诚”视为“圣人之本”，将“元亨利贞”解释为，“元亨，诚之通；利贞，诚之复”。可以说，周敦颐的整套哲学体系都建立在“诚”这个概念之上。他将“诚”视为五常之本、百行之源，“五常百行非诚，非也，邪暗，塞也。……故诚则无事矣”。人性的充盈和完善是从“诚”开始的。诚是“仁义礼智信”的源头，如果没有它，一切都将归于暗昧，而一旦有了诚，五常便得以持守，人性也就有了向着圣贤升华的可能。

程颐、程颢兄弟并称二程，在诚信观念方面，他们倡导“人道只在忠信”。二程将人性分为“天命之性”与“气质之性”，其中，前者是人人都具备的，不论是圣贤还是众生都一样；使圣贤区别于众生的是后者，“气有清浊，禀其清者为贤，禀其浊者为愚”。因而，众生如果追求超越、追求圣贤之境，就务必不断澄明自身的气质，纠正气质之性当中的偏颇，使气质之性与天命之性达到统一，这也是一种对于人性的忠信之道。

朱熹更是开诚布公地讲“忠信是根”，认为只有在忠信的基础上人性的其他维度方可开枝散叶。“人若不忠信，如木之无本，水之无原，更有甚底！一身都空了。……凡百处事接物，皆是不诚实，且谩为之。如此四者，皆是修身之要。就其中‘主忠信’，又是最要。”（《朱子语类》）可见，在朱熹这里，诚信的地位有了一个极大的提升。诚信不仅是进入道德境界的起点，更是待人接物的准则，还是人性的本质。

二、明清时期的诚信观

明代以降，社会动荡频繁，封建主义走向没落，新型的资本主义萌芽正在寻找合适的契机生长。商品经济的迅速发展，使得市民阶层不断壮大，这一切都促使人们的思想观念发生变化。诚信思想渐渐受到拜金主义的冲击。然而，正是在这种情况下，诚信观念尤其受到重视，也更多地彰显了人格的力量，并且越来越多地呈现在以“三言二拍”为代表的明清小说当中。

明朝的开国名臣刘基（字伯温）曾著有《郁离子》一书，专门探讨治国之道，其中涉及的个人诚信与政治诚信更是值得今人借鉴。在个人修养方面，刘基认为，“善疑人者，人亦疑之；善防人者，人亦防之。善疑人者，必不足于信；善防人者，必不足于智”。刘基厌憎心理阴暗的多疑者，认为这样的人不可信也不自信，在人格上是有缺陷的。他提倡人与人之间开诚布公、坦荡而真诚的交流，如此才能形成良性互动。在政治诚信方面，刘基认为统治者一旦采取欺骗的手段对付民众，民众也会以同样的方式对付统治者，并且从此对统治者失去信任。这样一来，虽然统治者得到了表面上的顺从，但在民众当中却早已暗流涌动，绝非长治久安之道。

明末清初的大学者王夫之也曾对诚信有过精辟的阐释。他说，“信者，礼之干也；礼者，信之资也”，将诚信视为礼的基础，而将礼视为诚信的辅助和凭借。可见，在王夫之这里，信的地位是更为本质的，这是对孔子和孟子的诚信观的颠覆。王夫之还特别注重个人的操守，尤其鄙视“无恒”之人，认为反复无常的人全然不值得信任，甚至说，“人至于无恒而止矣”，就是说，人到了朝秦暮楚、出尔反尔这一步就是最糟糕的了，属于“必诛”之流。

明清小说发展十分繁荣，这与商品经济所导致的市民阶层的形成有着密切的关系，而以“三言二拍”为代表的小说往往集中体现了当时的诚信观念。在这些小说中，诚信之人有时明明知道会为诚信之举付出代价却仍然付诸行动，彰显了一种人格之美。《喻世明言》中有一则《吴保安弃家赎友》的故事：吴保安与郭仲翔是未曾谋面的朋友，为了赎回这位被蛮夷掳去的朋友，吴保安弃家经商十年之久，终于凑足一千匹绢，赎回了这位朋友。这十年之间，吴保安“朝驰暮走，东趁百奔，身穿破衣，口吃粗粝”，而他的妻儿只能行乞度日。后来百姓闻知此事，为吴保安和郭仲翔立了双义祠，凡有约誓，都在庙中祷告，香火不绝。除了对诚信之人的义举进行褒奖和宣扬，明清小说也对背信弃义之人大加鞭挞。如大家所熟知的《杜十娘怒沉百宝箱》，这是《警世通言》中的一则故事。名妓杜十娘将自己一生的幸福寄托在官宦子弟李甲的身上，原以为李甲志诚忠厚，却不料他竟是个薄情寡义之人。在带杜十娘回乡的船上，李甲竟将她转卖给一位富商。杜十娘知悉后，在极端绝望之下取出百宝箱，将其中金银珠宝尽数倾入江中，随后投江自尽。李甲也为自己肆意践踏诚信付出了代价，“终日愧悔，郁成狂疾，终身不痊”。

引经据典

座右铭

唐·陈子昂

事父尽孝敬，事君端忠贞。
兄弟敦和睦，朋友笃信诚。
从官重公慎，立身贵廉明。
待士慕谦让，莅民尚宽平。
理讼惟正直，察狱必审情。
谤议不足怨，宠辱讵须惊。
处满常惮溢，居高本虑倾。
…………
白珪玷可灭，黄金诺不轻。
秦穆饮盗马，楚客报绝缨。
言行既无择，存殁自扬名。

侠客行

唐·李白

赵客缦胡缨，吴钩霜雪明。
银鞍照白马，飒沓如流星。
十步杀一人，千里不留行。
事了拂衣去，深藏身与名。
闲过信陵饮，脱剑膝前横。
将炙啖朱亥，持觞劝侯嬴。
三杯吐然诺，五岳倒为轻。
眼花耳热后，意气素霓生。
救赵挥金锤，邯郸先震惊。
千秋二壮士，烜赫大梁城。
纵死侠骨香，不惭世上英。
谁能书阁下，白首太玄经。

扩展阅读

甘受刑侠女著芳名

南宋淳熙年间，台州（今浙江临海）官妓严蕊色艺双绝，名动一方。台州太守唐仲友知严蕊善于词咏，又雅擅乐器，故官府有酒时，皆召其前往承应。

淳熙九年，浙东常平使朱熹巡行台州，因唐仲友的永康学派反对朱熹的理学，朱熹连上六疏弹劾唐仲友，其中第三、第四状论及唐与严蕊风化之罪，下令抓捕严蕊，将其关押在狱，施以鞭笞，逼其供出与太守唐仲友的通奸情状。

朱熹原以为严蕊受不住刑讯逼供，不论是否真有通奸之事，必然屈打成招。谁知严蕊虽为弱质女流，性情却坚如磐石，随你朝打暮骂，千棰百拷，只如实说道：“循分供唱，吟诗侑酒是有的，曾无一毫他事。”如是，两月之间，一再杖，几死。然而严蕊宁死不从，并道：“身为贱妓，纵是与太守有奸，料然不到得死罪，招认了，有何大害？但天下事真则是真，假则是假，岂可自惜微躯，信口妄言，以污士大夫！今日宁可置我死地，要我诬人，断然不成的！”闻言，就连提审她的狱官，也不由得心中起敬。

此事朝野议论，震动孝宗，认为是“秀才争闲气”，将朱熹调任，转由岳飞后人岳霖任提点刑狱，释放严蕊，问其归宿。严蕊口占一首《卜算子》，道：“不是爱风尘，似被前缘误。花落花开自有时，总赖东君主。去也终须去，住也如何住！若得山花插满头，莫问奴归处。”岳霖闻其词中从良之意甚为坚决，遂判令严蕊从良。其后，严蕊为赵宋宗室所娶，一世安稳。其词作多佚，仅存《如梦令》、《鹊桥仙》、《卜算子》三首。

严蕊虽为妓流，却坚守诚信之道，“真则是真，假则是假”，断然不为颠倒黑白之事，甚至置自身性命安危于不顾，羞煞多少须眉，真真当得起“侠女”二字。后世传诵纪念严蕊的风骨，根据她的故事改编的戏剧《莫问奴归处》，多年来久演不衰。

——见《二刻拍案惊奇》

章末小结

诚信起源于人与鬼神的关系，起源于人对于鬼神的崇拜和畏惧。而到了先秦时代，诚信逐渐理性化，诸子百家都给予诚信高度的重视，视之为政治、交友、处世和修身之道。唐宋时期诚信在实践层面和理论层面都有了极大的发展与全面的应用。明清社会受到商品经济发展的影响，诚信思想在受到拜金主义冲击的同时，也更加深入民众的精神生活当中。

推荐影片：

片名：大话王（*Liar Liar*）（1997）

导演：汤姆·沙迪亚克

主演：金·凯瑞、毛拉·蒂尔内、贾斯汀·库珀、加利·艾尔维斯、詹妮弗·提莉

片长：86 分钟

简介：弗莱切（金·凯瑞饰）是个知名的大律师，为获得官司的胜利，他练就了一身颠倒是非、扭转黑白的本领，那就是，谎话连连。说谎已经成为弗莱切的本能反应，就连面对妻子和 5 岁的儿子麦克斯（贾斯汀·库珀饰）时都是如此。妻儿也早已习惯了他的作风。这天，是麦克斯的生日，弗莱切又因事不能来。弗莱切自然又满口谎言编造各种借口。失望的麦克斯许下了他的生日愿望：父亲有一天不能说谎了。神奇的事情发生了！弗莱切真的不能说谎了，他因此出尽了洋相：差点输掉官司、得罪上司……陷入空前混乱的弗莱切最终如何面对这一切？

第三章

诚信的当代意义

党的十八大报告指出："倡导富强、民主、文明、和谐，倡导自由、平等、公正、法治，倡导爱国、敬业、诚信、友善，积极培育和践行社会主义核心价值观。"中央把"诚信"纳入社会主义核心价值体系，证明"诚信"是社会最基本的价值判断之一，这也是我国与国际社会接轨的标志。从个人角度看，诚信与道德相关，它是美德的表现；从社会整体角度看，诚信与伦理相关，它是规范人与社会、人与人之间关系的伦理准绳。"诚"多表现个人的内在道德，"信"多表现社会的伦理准则。

第一节　诚信是公民道德的基本规范

爱国、敬业、诚信、友善，是社会主义公民应有的品质。中国社会自古就对诚信有着高度的评价，曾将其纳入"五常"之中。每个公民都是社会的细胞，只有每个公民都讲诚信，这个社会才能真正成为诚信之邦。因此诚信将是公民立足社会最可贵的品质，同时也是一个社会最宝贵的资源。

一、"彭宇案"引发的思考

公民诚信是改善我国公民道德现状的首要步骤。我们先引入一个案例，借以说明当今社会失信导致的一系列后果。"彭宇案"是近十年来最震撼人心的公民道德触底的案例。2006 年 11 月 20 日，南京市民彭宇在公交车站发现一名老太太倒在地上，马上过去将其扶起并送至医院，还给了老太太 200 元钱作为帮助。经鉴定，老太太是摔伤性骨折，并构成 8 级伤残。此案件的转折点和最让人意想不到的是——老太太竟说自己是被彭宇撞倒的。次年 9 月，南京市鼓楼区法院对彭宇案作出一审判决，法院认为彭宇是第一个下车的人，从常理分析，他与老太相撞的可能性比较大。法官认为，彭宇送老太太去医院的行为“显然违背情理”，“而且，如果不是他撞的，那他为什么要送她去医院?”而彭宇给老人的200元钱则成为他撞人的证据。依此理由，法院裁定彭宇赔偿近5万人民币。彭宇案虽然最终以和解撤诉告终，但其影响已经远远超出彭宇与老太太个人诚信道德的范围，法院对这起案件所做的“依合理想象判决”，致使更多人因害怕承担责任而不敢去做好事，从而为整个社会留下了难以消除的“后遗症”和阴影。

自“彭宇案”之后，全国各地均不同程度地发生行人倒地尤其是老人跌倒后，路人无一上前帮扶的现象。中华民族向来以深厚的历史积淀和悠久的文化传统闻名，在他人危难之际，仗义执言或是出手相助都是常态，然而，在“彭宇案”后人们对于此类事件的畏缩与冷漠背后，却折射出国人思想中传统美德的远去乃至沦丧。人们甚至调侃，救人好比一场豪赌，赢了就只是平安无事，输了则可能倾家荡产。一方面，“彭宇案”反映法制与道德的冲突，其判决严重损害了司法的公信度，让本来就摇摇欲坠的诚信雪上加霜。当然，行政诚信并不是本节讨论的范围，在此不再赘述。另一方面，从公民诚信角度看，虽然救死扶伤是中华民族的传统美德，但现代社会中人与人之间本来就很脆弱的诚信关系被“彭宇案”无情地打碎，由此遗留下的道德困境已经暴露出现代道德伦理中诚信观念的缺失。并且，以各类人际关系为基础的现代社会，在人与人之间不再以诚相待之后，必将出现种种其他方面的问题。所以树立正确的诚信观，使诚信深入民心将是改善我国公民道德现状的重要目标。

二、公民诚信与社会主义精神文明建设密切相关

精神文明建设是与物质文明建设并行的。物质是一切文化、文明的基础，在此之上，人们所要追求的是精神层面的东西。人的自身发展、人与人的关系、人与社会的关系、人与国家和政治的关系

都属于精神文明的范畴。诚信作为公民道德的基本规范，自然属于精神文明之列，而且在其中处于核心地位。因为社会主义精神文明建设也应从思想道德和人的素质入手，从而树立正确的人生观和价值观。同时，以诚信为核心的精神文明建设还可以抵制一系列腐朽思想，诸如个人主义、拜金主义、享乐主义等。精神文明建设中诚信缺失的现象具有极大的危害性。诚信的缺失意味着道德的沦丧，这将会导致人们的德性的缺失和文明的匮乏，处于此种境遇当中的人们，每天都活在“他者的地狱”当中，过着互不信任、彼此猜忌的生活，这无论是对于个人的发展还是对于社会的发展都必将构成巨大的障碍。也就是说，它不仅将影响到社会主义物质文明建设的健康发展，还将影响到社会主义政治文明的顺利推进，最终影响到整个民族的繁荣复兴。

正是基于这样的考虑，我们把诚信放在了精神文明的核心地位。诚信是社会主义物质文明建设的道德基础，对物质文明的呼唤就是对精神文明的呼唤，同时也是对政治文明和科学文明的呼唤。诚信作为精神文明建设中的核心在此融入物质文明、政治文明和科学文明的建设中。虽然诚信在本质上属于精神文明的内容，但精神需要物质载体，也需要展示的舞台，而物质文明和科学文明满足了这种要求。由于诚信的道德意义在精神文明建设中十分重要，而道德又是一切以人为基础的事件和行为所应遵守的准则，因此无论是人们对于物质的创造和追求，还是对科学真理的向往与憧憬，都与诚信有着千丝万缕的联系。因此，诚信可以说是社会主义精神文明建设的重中之重。

三、个人的诚信与公民的道德

诚信作为每个公民最基本的道德规范，意味着人们的一言一行都要真实无欺，要求个人在行事时保持慎独的心态。因此，诚信是道德品格的体现。如前所述，要建设社会主义物质文明，务须加强社会主义精神文明建设，诚信则处于其中最核心的位置。现代国家的每一个人都不是孤立的个体，他一定处于家庭、职业和社会立体交叉的复杂关系中，因而每个人都必须具备三方面的道德品质，即家庭美德、职业道德和社会公德。这就对我们每一个人提出了作为社会主义公民应遵守的准则。每个公民只有诚信为人、诚信处世才能完善既秉承优良传统又具备现代特质的道德品格，才能健全他的家庭美德、职业道德和社会公德。因此，诚信是做人立世的基础，是公民道德素质的基本要求。中国传统文化中主要强调诚信的主观修养方面，即主要强调反省内求，从人的主体出发，由己及人，孔子所说的“己欲立而立人，己欲达而达人”（《论语》）就是最好的证明。相比之下，现代社会则更多地从整体和社会的角度出发强调诚信的客观方面，即诚信要普遍适用于每一个处于社会关系中的个体，无论在主观上每个人是否真正意识到诚信的道德意义，在客观的行事方面都要严格遵守它；如果出现不诚信的行为，则一定会受到相应的惩罚。

然而，中国社会主义文明中对于公民诚信所提出的道德准则既要从主观方面考虑，也要从客观方面考虑，这也要求作为公民的个人既要在社会当中严格遵守诚信的道德规范，又要在内心深处具备对诚信观念的深切体悟。因此，不为一己之私而置诚信于不顾、树立正确诚信观、追求完美人格成为当今社会对每一个公民的要求。诚信作为一种做事做人的基本准则，要求每个人都做到言而有信，说实话、办实事，做诚恳守信之人，说一是一、说二是二，不浮夸、不做作、不投机取巧。诚信道德规范是一种实事求是的精神。实事求是不仅是诚信道德要求的思想前提，也是诚信道德观念中最为重要的思想内涵。把诚信思想纳入社会主义核心价值观的另一个意义在于，诚信有助于培养公民的道德责任感，这主要体现在爱国、爱人民、爱社会等方面。

引经据典

失去了诚信，就等同于敌人毁灭了自己。

——莎士比亚

以诚感人者，人亦诚而应。

——程颐

诚实是力量的一种象征，它显示着一个人的高度自重和内心的安全感与尊严感。

——艾琳·卡瑟

扩展阅读

赦　免

20 世纪 80 年代，在比利时布鲁塞尔曾出现过这样一个案件。一名女子在午夜时分不慎摔下露台，身受重伤。由于时间已经很晚，周遭没有行人，一名男子路过发现了伤者。这名男子见四下无人，便将身受重伤的女子洗劫一空，但他又不忍心女子伤重不治，所以先报了警，再离开。而这全部的过程都被附近的监控摄像头拍摄了下来。警察没有费多少周折就找到并逮捕了这名男子，并予以起诉。然而，在经过了长达四周的激烈辩论和商讨之后，法庭作出了该男子无罪释放的判决。

当时法官给予的判决宣言是这样的：每个人的内心深处都有脆弱和阴暗的一面，相对于拯救生命而言，抢劫财物不值一提。虽然单纯从法律上讲，我们的确不应该为了一个人的善行而赦免其犯下的罪恶，但是，如果判决他有罪，将会对整个社会秩序产生极度负面的影响！我宁可看到一个抢劫犯拯救了一个生命，也不愿意看见奉公守法的无罪者对他人的苦难视而不见！所以，从表面上看，今天法庭不仅仅是单纯地赦免了一个抢劫犯，更深远的，是对救死扶伤的鼓励，是对整个社会保持良好风气的促进传承。

第二节　诚信是市场经济的内在要求

一、中国经济诚信的现状

商品经济和市场经济是社会进步发展的产物，它们是建立在信用和契约的基础之上的，从更深层面理解，是建立在诚信原则之上的。随着商品经济的发展，商品生产量已经趋于饱和，供过于求的局面导致竞争的加剧，从而由卖方市场转向买方市场。在买方决定市场的经济中，卖方只有进一步扩大消费的需要，才能使生产出的商品进入消费环节。相反，买方的消费需求则受到当时有效购买力的制约，卖方为了解决这种矛盾发明了在流通领域中运用的“分期付款”、“商品赊销”、“信用卡”等支付模式。众所周知，现行的市场经济就是一种契约经济，信用在此扮演了绝对重要的角色。而到了信息时代，信用更是几乎成了信息经济的灵魂。市场经济不能没有信用，因为信用可以减少市场交易成本。在开放经济时代，无论是买方还是卖方都要具有较高的信用度，合作的双方或多方在信用度方面也要具有较高评价，使买卖、合作或交易具备顺利完成的条件。这种原始的交易方式在全球经济一体化、电子信息飞速发展的今天已经完全无法适应。由此，美国学者认为，当代社会可分为高信任社会和低信任社会。在高信任社会中，人与人之间关系和谐、彼此信任，有较高的社会合作意识和公益精神，信用度高、社会交易成本低是它的特点。相反，在低信任社会，人与人之间关系冷漠、彼此提防，相互间在培养信任关系方面有较高的难度和较大风险，社会交往的成本相对偏高。对比两者，我们可以清楚地看出，低信任社会在市场经济的竞争中处于劣势。我们提倡以诚信原则为基础的社会主义市场经济，它将建构起新的和谐的社会人际关系、社会信用体系，从而产生新的经济伦理关系。因此，建设诚信市场经济是非常必要也是非常紧迫的任务。

我国还没有从计划经济体制向社会主义市场经济体制转型的过程中完全走出来，因此，与体制转型同样重要的是经济道德的建设。然而，对于后者人们存在诸多误解。因为计划经济强调整体利益最大化，从而有些人有意或无意地把与之相对的市场经济曲解为一切以个人利益为依归，把计划经济向市场经济的过渡误解为从利他主义走向利己主义。这样就导致了以损人利己为荣、不择手段敛财致富的结果，更不可理解的是，这样的行为被普遍看成理所当然的。

为什么失信行为能在中国当前经济体制下大行其道？我们可以从两方面分析。首先，从利益获取方看，唯利是图和急于致富的心理导致行为短期化，这种短期化已经成为普遍现象。正是由于诚信的缺失，才导致人们在追求快速利益的过程中只注重经济所带来的直接收益，而无视经济背后那个使经济可能的诚信基础。其次，从外部信用环境看，守信一方没能得到相应的鼓励和应得的收益，失信一方又没有得到应有的谴责和惩罚。不求回报是道德的基础特质之一，但从社会和契约经济的角度来讲，如果一个行为没有得到认可，即没有一个客观的、社会的评价，那么个人将不再有对他的行为负责的意识。导致上述问题的一个客观原因是制度与法律的漏洞，以及有法不依、执法不严等问题的存在，它们客观上助长了不讲信用的风气。有些地方和行业，由于行政垄断和地方保护色彩浓厚，现代市场机制没能完全发挥作用，从而导致缺德失信的企业和部分业主仍然残留在市场经济中。市场经济的趋利性质，使处于经济利益关系中的企业和个人陷于冷漠化之中。

二、诚信是市场经济的基础和前提

呼唤社会诚信良知，重构社会主义诚信道德规范是全社会亟待解决的现实问题。如果经济发展的同时却道德败坏，那么这样的市场经济并不是真正的市场经济，经济应该是与诚信并行，而不是相背而行。所以提倡诚信，尤其是中国传统诚信观念，不仅能对社会主义市场经济的正常运行有所保障，更是展现社会主义文化优越性和保持中华民族自尊自爱优良传统的大好契机。

通过上述对中国近些年经济诚信状况的分析，我们可以看出，无序的市场不可能维系持久的繁荣，不讲信用的短期行为只可能获得一时的利益，终究会以损害长远利益为代价。如今，许多地方和企业已经认识到，在决定成败的竞争中，除企业的知名度外，信誉度和美誉度将是决定企业生存发展的内在因素。诚实守信所带来的信誉将会升华为美誉。信誉和美誉作为企业的核心竞争力，蕴含着丰富的文化内涵，它是企业的身份证和产品质量牌，企业诚信将会产生极大效益的无形资产。一方面，信誉是人类道德文明进步所带来的客观成果，它是市场经济条件下伦理和道德的标准；另一方面，信誉又是一个企业、一个地方乃至一个国家的无形资源和精神财富，它是一种具有魔力的资本，会为拥有它的群体带来巨大的精神和物质财产。计划经济时代起主导作用的是政府，因此，只要政府制定的规章制度符合整体经济运行的规则，经济就可以稳步前进。但市场经济是经济发展的必然趋势，在市场经济中，政府无论是从主观上说还是从客观上说，都不应该在其中再占主导地位。因此，英国著名社会学家吉登斯提出的现代社会是一种信任社会是很有见地的观点：社会现代化程度越高，人们的社会活动或社会关系越复杂，诚信也就越重要。

诚信是构建社会主义市场规则的基础。市场经济以获取最大化利益为目的，它一方面从利益层面刺激了利益创造者的生产和经营的积极性，另一方面也调动了社会财富的重新分配。但市场经济唯利是图的天性又会驱使市场的各个参与者的行为不按诚信规则行事，这将产生巨大的无序力量，冲击着传统道德的堤坝，将人与人的关系变成赤裸裸的金钱关系。更为严重的是，市场经济通常循着以最小成本获取最大的利益的模式进行，这种模式必定会诱发市场主体产生不正当竞争行为，使缺斤短两、坑蒙拐骗、假冒伪劣、欺行霸市成为市场行为的常态，这就产生了不合理不合法的潜规则为社会所默认的荒诞现实。在现行的这种市场情况下，构建以诚信为主要内容的社会主义市场规则，就成为规范市场行为、保证社会主义市场经济正常运行的前提。因此，倡导恢复中国传统文化中的诚信观就为构建社会主义市场规则提供了可支撑的基础。如果没有中国传统诚信文化的支撑，中国的市场经济就会缺乏中国文化的内涵、不能体现出中国特色，这正是传统诚信文化遗产所具备的强大生命力所在。

诚信观念的优秀传统是现代市场经济和企业核心竞争力的重要组成部分。市场经济中企业是主体，因此，市场经济中的诚信观应具体化到企业中，继承中国传统诚信文化，可以使企业形成诚信经商、以义取利、靠信求财的模式，这将是市场经济中企业公信力、美誉度的重要内容。经验证明，凡是讲求诚信的企业，都能够在市场竞争中获得生存和发展，反之则被市场淘汰。北京“同仁堂”药店经历七百年而长盛不衰，“全聚德”烤鸭闻名全国，就是因为它们始终遵循诚信的市场规则，在消费者中获得了优良的市场信誉，最终获得了更高的市场占有率。相反，一些百年老字号因为不重视诚信而使百年老店毁于一旦，几代人的努力付诸东流。这些案例都说明，诚信经营理念和行为是企业发展壮大、立于不败之地的重要保证。同时，企业是市场经济的微观基础，企业遵循诚信的市场规则能够保证社会主义诚信市场规则得到有力的贯彻，从而减少企业不诚信竞争的扭曲行为。

人无信不立，市无信则乱。为此，我们必须增强诚实守信的道德意识，使人们知晓诚信与市场秩序的关系，即无诚信的市场是无秩序的市场，在无秩序的市场中，市场经济无法健康发展。因此，要求企业和个人消除对现代市场经济的曲解，是为建立健康有序的信用经济开辟道路。同时，加强经济制度建设可以为以信用为基础的市场经济提供政策上的保证。这包含制度和律法两个方面，因为市场经济是信用经济，也必然是法制经济。我们必须依法严厉打击制假售假、偷税漏税、经济欺诈、恶意逃避债务的行为，大力规范市场秩序。保证诚信在经济中的基础地位是要善于运用法律的武器，同各种破坏信用的违法乃至犯罪行为进行坚决的斗争，以维护社会主义市场经济的健康发展。

三、市场经济与诚信原则的内在统一性

上述我们谈到了中国市场经济的现状和诚信与经济的关系，由此我们得出这样一个结论：市场经济与诚信原则具有内在统一性，也就是说，市场经济的内在运行机制中蕴含着诚信原则。虽然在市场化的过程中存在着种种矛盾，尤其是人们越来越意识到诚信在市场经济中的重要性与社会上各种失信现象并存之间的矛盾，但两者的统一性却是真实存在的。正如我们在前文中所说的，诚信是市场经济的基础，但这也只是从表象的层面看，在更深的层面，诚信是市场经济运行的内在要求和动力。由此产生一个问题，即现行的市场经济真的是市场经济吗？如果是，那它为何会有与这种统一性不相符合的地方？这是一个值得认真思考的问题。

从现实角度出发，就是要求我们在承认现行市场经济与诚信内在原则之间存在矛盾的前提下，思考如何减少两者存在的差距，从而使得市场经济真真正正走到诚信的轨道上来。具体内容我们会在第四章相关部分进行论述，在这里只从一般原则上指出解决矛盾的办法。市场经济本身要求人们必须具有诚信的权利义务意识：现代经济的分工日趋细致和复杂，一个商品可能要经过几十道工序，每一道工序都要为下一道工序负责，最终才能生产出一个质量过硬的产品。如果哪道工序出了问题而没有上报，那么势必会影响到其后

的工序，即便侥幸没有被发现，到产品最终上市时，所存在的安全隐患一旦暴露，后果将不堪设想。近几年日本汽车频繁地被召回，一些进口电子产品也存在类似情况，这些事件的发生就是因为产品制作工序的不诚信造成的。上述案例只是整个市场经济中一个很小的单元。从正面的角度看，使供、产、销的大环节顺利进行的保障就是基础市场经济本身的内在要求——诚信。只有经济运行的各个环节都具有诚信意识并将其认真而全面地贯彻下去，这样的市场经济才可称为真正具有内在统一性的市场经济。

扩展阅读

百年老店的信誉

山西临汾西渡村赵家兄弟是北京“六必居”酱园创始人，明代嘉靖年间到北京创设酱园。他们深知“店好仍须货好”的道理，在保证原料质量上下足了功夫。酱菜的材质必须来自名产地：制酱用的黄豆必是河北马驹桥（现北京通州）所产，皮薄色黄；面粉由京西涞水县特磨制成，伏地难收；长辛店李恩家白皮六瓣蒜，起泥带水；广安门外“五萝卜”，又脆又嫩；永安门“八道黑”香瓜，适时摘取；广安门外韩文亮家青莴笋，一条一斤；安定门花园秋黄瓜，顶花带刺；海惠寺五寸小萝卜，红中透白；丰台围墙青扁豆，颜呈绿色。六必居按质论价，非它不选，从根本上保证了酱菜质量的优异。他们制成的“伏酱”成为京都一绝，其诗曰：“忆京都，调和鼎鼐功，色味酿成能变化，黑醋白酱不从同。不似此间调味剂，但觉酸醋而已矣。”

同样，北京“全聚德”烤鸭店老板杨全仁深知“贵人吃贵物，哪问价高低”的道理，要求烤鸭用的“原鸭”必须是最好的鸭子，不符合标准的鸭子绝不可以上桌。为了确保鸭子的质量，全聚德还办了一个“鸭局子”，专门负责收购优等嫩鸭，由养鸭能手精心饲养，并规定鸭子不达到一定的重量标准绝不宰杀。他们规定鸭子由蛋孵到宰杀，不能超过一百天。因为填养时间太短，烤出的鸭子不够分量；时间太长，烤出的鸭子又不够鲜嫩。这种取一分则短、留一分则长的严格质量要求，保证了烤出的鸭子鲜脆可口、香味扑鼻。为了保证“原鸭原味”，他们在卖鸭时专门设有卖鸭子的“卖头”，每当客人上座，卖头就手提大、中、小三只鸭子，请客人当堂自选，并将选好的鸭子用毛笔做一个记号，以防路途调换，这也叫“点鸭”，然后交烤鸭师傅现宰现烤。每每都能使顾客称心如意。

第三节　诚信是法治建设的坚定基石

法律只有获得道德支持才有生机，诚信原则就是法律应当包含的道德底蕴和必须遵守的基本原则，诚信原则可以软化和缓解法律的刚性。任何法律的制定都离不开一定的道德基础，否则将与社会价值相冲突，并丧失其真正的意义而成为无用的法律。因此，诚信与法律的关系是十分紧密的，可以说诚信是法治社会的坚定基石，法律是文明社会中诚信的外在化表现。法律有信则会强化人们对法律的信仰，反之，法律无信，立法、执法皆背法而行，法治必然会出现紊乱。所以，应当认识到，诚信是法律的灵魂，也是社会公正的基石。

一、立法诚信

以诚信原则立法。刘明利在《立法学》中指出，立法又称法的创制、法的制定，指享有立法权的国家机关或经授权的国家机关在法律规定的职权范围内，依照法定程序，制定、补充、修改及废止法律和其他规范性文件以及认可法律的一项专门活动，是将一定阶级的意志上升为国家意志的活动。诚信是与社会实践联系最紧密的道德原则之一，在儒家思想中，更是把诚信纳入“五常”，使其成为中国传统价值系统中最核心的因素。把诚信与法律、法治联系起来，是任何一部真正的法律都应确立的原则。

立法的基础是契约关系，从现代信用的角度看，个人自由就是契约自由，即人们把一部分的权力让渡出来，从而形成一个每个人都可遵守的法则，由于人是自愿让渡的，所以他是自由的，而且在这种自由的前提下，人人都是平等的，因此自由的主体是契约关系得以成立的前提，是契约自由原则得以成立的前提。人的更深层面的真正自由来自自律，即自己规定自己才是自由的。这里有一个由外而内、由形而下到形而上的追溯。由此，我们可以把立法诚信的意义界定为：在立法的指导思想、基本原则和各个环节中要以诚信为基础，以确保制定的法律最大限度地体现最广大人民的最根本利益，从而确保立法的质量和可信度。在这种指引下可培育出更高的具有道德信念的公民。公民道德信念的提高是社会进步的基础，立法成果的意义就在于此，所以，诚信在立法中的作用是十分重要的。

鉴于立法的严肃性及重要性，并非每一个社会公民和团体都能参与立法，只有那些被宪法赋予立法权的主体才可以。所以，立法主体不应把个人的意志强加到整个立法活动中，而应当从社会最多数人的最大利益方面考虑。马克思对此有一个十分恰当的比喻：“立法者应该把自己看做一个自然科学家。他不是在制造法律，不是在发明法律，而仅仅是在表述法律，他把精神关系的内在规律表现在有意识的现行法律之中。”因此，立法一定要体现人民的意志，诚信在此表现为立法者真实地考虑所立法律与最广大人民群众的切身利益关系是否相符。

二、司法诚信

司法，又称法的适用，通常指国家司法机关及其司法人员依据法定职权和法定程序行使司法权、运用法律处理案件的专门活动，司法是国家运用法律调整社会关系、维护社会秩序的重要方式。在中国，人民法院与人民检察院是代表国家行使司法权的专门机构。司法是履行人民意愿的主要方式和手段，是贯彻落实党和国家方针、政策的可靠保障，是社会进步经济发展的根本需要。司法诚信具体是指人民法院与人民检察院等司法机关和司法人员在履行司法程序及执行司法内容时要严格按照法律规定的权责办事。人民法院与人民检察院不是普通的国家机构，它们是代表着正义、肩负着党和政府赋予的神圣职责的机构。因此，对从事司法工作人员的职业道德与文化素质的要求事关司法公正和社会正义。由于这两方面是司法人员诚信与否的具体表现，所以司法诚信的形成有赖于司法人员内心的诚信道德信念。

司法诚信是道德规范和法律一体化的表现，它具有法律调节和道德调节的功能。因此，司法中的诚信原则是法律制度的本质特征，是司法得以存在的根本保障。任何一个环节失信，都将导致整个法制系统的失信。所以，失去了诚信的司法不仅将失去自身存在的道德基础和发展根基，而且将对立法内容造成巨大的冲击。

因此，司法诚信具体体现在：第一，公民在法律面前一律平等。法律面前人人平等并不是一个理想、一句口号，它是对诚信最真切的体现。法律面前人人平等表现在当事人在法律的适用上一律平等，即对一切诉讼的当事人的民族、种族、性别、职业、社会出身、宗教信仰、受教育程度、财产等不做区别对待。对于法律体系下的每个人而言，任何个人都应无例外地遵守法律，同时享受法律规定的权利，履行法律规定的义务。因此，一切当事人的合法权利都应当受到法律保护，一切当事人的违法行为都应当受到法律制裁。只有做到上述两点，才可说法律面前人人平等。第二，由上点引申出的是法律裁定者，即法官的诚信问题。法官处于司法程序中的重要位置，其自身必须遵守诚信原则，这不仅是司法诚信的需要，更是社会普遍诚信得以建立的必要环节。公正是法治的最终目的。从执行司法程序的方面讲，法官的诚信是司法公正得以可能的首要条件。但是，作为法官的人也处于一个关系复杂的社会中，而且人性在这种环境下也是复杂的，这将不同程度地导致在审判案件时的不公允。如此作出的判决必将丧失其公正性，从而进入一种恶性循环。因此，法官应该具有诚信观念并且遵守诚信原则，这不仅会提高司法诚信的程度，更会提高社会诚信的水平。

三、执法诚信

执法诚信指执法机关在执法过程中应当遵循诚信原则。诚信是时代的要求，同时也是依法行政的内在要求。长期以来，在中国的政府管理、行政管理实践中，诚信原则并未受到应有的重视。执法单位任意执法、置诚信于不顾的现象屡屡发生，尤其是缺乏稳定性和可预期性的行政许可行为严重阻碍了社会法制化进程，由此造成了政府公信力的降低，进而影响到政府的公共形象和法律权威，更加严重的是造成了社会资源的浪费与公民合法权益的损害。

鉴于中国现有国情和社会状况，保障执法诚信主要应从以下几点入手：首先，加强和完善执法监督体制。执法诚信的实现很大程度上依赖于监督机制作为其有力后盾。一方面，加强执法监督的内部监督制度，这就要求执法监督不与领导权相关联，从而保证监督权的独立性。在完善监督方式上，应提高具有执法监督权一方的意识和能力，防止监督权力的滥用，同时也要制定专门的监督法律、法规，将执法监督纳入法律轨道，形成科学、合理、完善的监督体系。另一方面，加强并完善执法监督的外部监督制度。加强国家权力机关的监督，保障国家权力机关独立负责地行使监督权，充分发挥权力机关对政府的监督作用。另外，加强公众的直接监督，增加政府行为的透明度，使民众对行政程序有知情权和监督权也是加强执法监督的重要组成部分。其次，明确执法机关的权责分布。我国现行法律、法规有关执法机关职责权限的规定在某些领域或方面存在交叉现象，这就导致执法机关之间相互推诿等现象。要解决由此引起的矛盾，必须规定在职权交叉或管辖权不明的情况下，执法机关之间进行公务协作的义务和责任。对于执法机关相互推诿的，应当追究这些执法机关的责任，从而迫使其主动履行职责、积极主动解决问题。再次，加强政务公开，由此提高执法的透明度。执法过程中产生专制、腐败现象的一个根本原因在于执法过程严重封闭、不透明，这一现象既不利于执法的外部监督，也不利于执法的内部自律。因此，增加执法的透明度将会提高其公正性，进而解决执法中存在的不诚信问题。这就要求执法机关在执行法律之前必须向当事人说明行为的理由及法律依据，并应当给予当事人申辩或陈述意见的机会。同时，对于可能严重损害公民、组织合法权益的执法行为，应当给予严厉的处罚。最重要的是，执法结果必须公开，并允许公众查阅。最后，完善强制执法与处罚的法律、法规。由于中国现阶段的相关行政强制措施的立法还有所欠缺，从而一方面导致部分执法人员不敢放手去执法，另一方面导致强制权被滥用，使得公民、法人或其他的合法权益受到侵害。除此之外，由于行政处罚机制相对分散，导致无法根据行政违法行为的社会危害性适用相应的处罚种类。因此，国家的当务之急是要制定相关行政强制措施的法律法规，并且完善其体系，在此基础上对行政处罚机制进行必要的改革，将现行分散制与统一制结合使用，进而提高行政处罚在预防、惩治行政违法行为中的效率与作用。

扩展阅读

“吐口唾沫是个钉”

2011年6月，黑沟乡木材园区一招商引资企业在黑沟村招聘了八名妇女从事木材加工。企业老板向这几名妇女承诺按计件支付工资，一个月一结算。曾经都是在农田耕种的几名妇女为找到这样的工作欣喜万分。对她们来说，这比在家农耕挣的钱多很多。然而，她们一直干到9月也没能收到过一次工资。她们有些按捺不住，多次向负责人索要工钱，可该企业的领导却表示让这几名员工签订劳务合同，不签合同不给发工资，可这合同都是加工厂单方面制定的，现在工作了几个月却以不签合同为由，不给结算工资。双方矛盾激化，这八名妇女见索要工钱不成，感觉被骗，气冲冲地跑到政府，要求政府解决此事，声称该企业是政府招商引资的企业，如今拖欠农民工资，若政府不给解决，便要联合家人去砸毁该加工厂。

乡政府得知此事，感到形势危急，安排黑沟乡司法所所长何其生立即着手处理。为了化解矛盾，安抚她们的情绪，何其生把这八名妇女一起领到了司法所，面对几名情绪激动的妇女，何其生用朋友谈话的方式了解了事情的来龙去脉，并悉心劝导，动之以情，晓之以理，耐心细致地做通她们的思想工作，劝她们相信法律，依法办事。通过一番推心置腹的交谈，这八名妇女将信将疑地说："企业是政府招商引资来的，政府能向着我们吗？我们不懂怎样打官司，不砸毁该加工厂他们就不会给钱。"何其生说："我帮你们要钱，如果要不出来，司法所承诺，全权代理你们与该企业劳务合同纠纷的诉讼，为你们提供法律援助。"八名妇女问："你真能为我们做主？"何其生说："吐口唾沫是个钉，你们就等着吧！"这些妇女听了何其生的话，打消了砸企业闹政府的想法，寄希望于司法所，并利用法律武器捍卫自身的权益。答应完这头，何其生就忙企业那头。何其生来到该企业，找当事人进行调解。该企业找种种借口，就是不给钱。何其生多次到企业宣传法律、讲解政策，但企业就是不答应给钱。

于是，司法所代理诉讼，将企业老板告上法庭。经过法院的调查审理，判八名妇女胜诉。2012年3月5日，企业将八名妇女的工资全部支付完毕。当日，几名妇女拿着她们应得的报酬来到司法所，对何所长的法律援助深表感谢，也对当初大闹政府的行为表示抱歉。何其生说，我深知农民的不易，更知道一旦发生矛盾，许多群众不知道用法律武器去化解矛盾，保护自己。以后请一定要相信政府、相信法律，我"吐口唾沫是个钉"！

章末小结

本章主要从诚信的当代意义这个视角讨论个人诚信的价值与意义、诚信与经济的内在关联、诚信在法律法规中扮演的角色。从中我们可以看出，诚信是社会一切领域的基础，它决定了一个社会的文明进步程度。个人作为社会的细胞，首先要遵守最基本的道德律，而这其中关涉到个人与社会的就是诚信。当所有个人都具备诚信道德时，使社会顺畅运转的经济也就具备了信用的基础条件。与此同时，只有当法律、法规的制定者和执行人心中存有诚信观念时，法律、法规所起到的监督作用才会发挥其应有的效力。

推荐影片：

片名：《十二怒汉》（12 *Angry Men*）（2007）

导演：西德尼・吕美特

主演：马丁・鲍尔萨姆、约翰・菲尔德、亨利・方达等

片长：96 分钟

简介：一个在贫民窟长大的 18 岁少年因为涉嫌杀害自己的父亲被告上法庭，证人言之凿凿，各方面的证据都对他极为不利。12 个不同职业的人组成了这个案件的陪审团，他们要在休息室达成一致的意见，裁定少年是否有罪，如果罪名成立，少年将被判处死刑。

12 个陪审团成员中，除了 8 号陪审员之外，其他人对这个犯罪事实如此清晰的案子不屑一顾，还没有开始讨论就认定少年有罪。8 号陪审员提出了自己的“合理疑点”，耐心地说服其他的陪审员，在这个过程中，他们每个人不同的人生观也在冲突和较量……

第四章

诚信何以可能

中共中央颁布的《公民道德建设实施纲要》中指出，在新的历史条件下，从公民道德建设入手，继承中华民族几千年形成的传统美德，发扬党领导人民在长期革命斗争与建设实践中形成的优良传统道德，借鉴世界各国道德建设的成功经验和先进文明成果，努力建设与发展社会主义市场经济相适应的道德体系，对形成追求高尚、激励先进的良好社会风气，保证社会主义市场经济的健康发展，促进整个民族素质的不断提高，全面推进建设有中国特色社会主义伟大事业，具有十分重要的意义。由此可见，公民道德建设已经纳入国家新一轮的发展计划中，继承并发扬中华民族的传统美德是走中国特色社会主义道路的必要条件。通过对历史和国外相关情况的考察可以发现，传统道德与现代社会的契合点在于“诚信”，正是“诚”的内在机制与“信”的外在标准奠定了中国社会主义核心价值观的道德基础。

第一节　诚信教育的必要性与可行性

一、公民诚信教育的内涵和重要性

公民诚信教育是贯彻以德治国与依法治国方略的具体举措。任何一个时代都有自己的诚信观念，不同时代之间的区别不仅在于各自的生产方式和生活方式的不同，还在于精神层面的诚信观的差异。中国经历了两千多年的封建时期，传统诚信就是历史发展过程中所体现出的一个价值系统，它是一个民族历史发展中道德精神的凝聚和积淀，也是民族精神的一种体现。诚信价值具有形而上学性质，所以它带有不变性和稳定性，不会随着人类生活方式的改变和社会变革而改变其所处的地位与作用。也就是说，无论人类社会怎么发展、文明程度如何提高，诚信的形而上学意义都不会改变，它所处的相互关系也不会改变。但从另一个角度看，每个时代都会有属于它自己的时代精神，在这种时代精神指引下的各种形而上和形而下的事物都会较其他时代有所变化，这也是内涵与外延的区别，即表现于外的东西总较蕴含于内的东西变化更快。最基本的形而上学思想不会变，但观念却要适应时代的发展，所以，当代诚信观展现出与以往不同的形态。根据当今时代的发展和各种错综复杂的国际社会关系，依法治国和以德治国相结合的战略思想正是这个时代精神的完美诠释，诚信观只有以此为基础才能适应民族的发展和社会的发展。因此，说明并强调依法治国和以德治国与诚信观念的关系是公民诚信教育的第一步，这就要让民众把传统的道德观念与当今社会发展的大方向加以融合理解，引导大家有意识地并自觉地认识到这一点。

公民道德教育是推进社会主义市场经济建设与发展的客观要求。在社会主义市场经济条件下，大量的人际交往和经济活动都要通过买卖双方达成的“契约”实现，我们已经在第三章论述过，市场经济就是一种契约经济，讲诚信则是市场经济的基本法则。对于交往双方而言，他们的出发点和互相提供的信息必须是真实的，这样才不会因为虚假的信息使双方的合作或其中一方的利益受到损害，所以，诚实和守信是维护双方共同利益的最好保证。个中原因在于，诚信关系是经济的基础。现代经济通常是一种高度发达的市场经济，市场大部分都是以信用为中介。

另外，个人作为市场经济的个体和基础，决定着经济诚信的程度和成功与否。因此，从经济诚信角度出发，在企业制定信誉营销的策略之后，通过员工的诚信道德领悟加以执行，是企业成功的关键。但员工不仅是企业的一员，他首先是社会的一员，作为公民，他在执行经济诚信之时，应首先具有普遍的诚信观念，这种观念是不以任何功利性因素为目的的，这就是康德“纯粹道德律”中所表达的内容，诚信应首先以“诚”为主，只有内心升起这种绝对的“道德律令”，行为才能表现出不以任何其他目的为转移的信任共通感。因此，经济建设是以个人为基础的公民诚信建设。只有每个公民的诚信观念稳固，经济建设才能正常、健康地推进。

二、诚信教育的主要措施

巩固并加强中华民族传统诚信观的教育。作为中国传统伦理道德中处于核心地位的规范之一，诚信有着悠久的历史传承和优良传统。《大学》云：“所谓诚其意者，毋自欺也。”《法言·重黎》云：“问‘信’。曰：‘不食其言。’”所以，当代中国社会中的诚信危机只是中华民族在现代化进程中所表现的一个负面现象，并非所有历史时期都是如此。因此，树立诚信观的第一步就是要巩固并加强中国自古有之的传统诚信观念。那么，什么是中国传统诚信思想呢？我们总结出以下三方面的基本内涵：首先，诚信是个人立身处世之基础，同时也是个人道德修养的基本原则，所谓“失信不立”，“主忠信，徙义，崇德也”，“诚信者，天下之结也”。其次，诚信是为人处世、人际交往的基本准则，所谓“与朋友交，言而有信”。最后，诚信是治国者治理国家的基本准则，所谓“政令信者强，政令不信者弱”（《荀子·议兵》），“故用国者，义立而王，信立而霸，权谋立而亡，三者，明主之所谨择也”（《荀子·王霸》）。上述三点分别从个人、社会、国家的角度指出了传统诚信观念在中国传统中所处的地位和所宣扬的精神。除此之外，关于诚信的各种典故则生动地高扬了诚信精神，并成为诚信教育的有力素材，如季布的“一诺千金”、商鞅的“立木取信”、曾子的“杀猪教子”等都可以在诚信的重要作用与意义方面给人以启发与教育。因此，巩固并加强中国传统诚信观念教育，应从两个方面进行：一是从思想、哲学层面进行形而上的教育，二是通过故事、实例展现有利于现代诚信道德教育的观点、内容，这对促进公民诚信道德品质培养具有相当重要的理论和实践意义。

在上述巩固加强传统诚信观念的基础上，我们应该把诚信教育的重点放在现代社会主义精神文明建设中来。这就要求把诚信与社会主义核心价值观总的方面和各具体方面相结合。首先，诚信已经被纳入中国核心价值观范畴，诚信在当代社会再一次被提升到与古代具有等同高度的层面。可以说，这是一次觉醒、一种尝试，中国正面临着如何把一个与国际全方位接轨的民族同其具有的五千年悠久灿烂的文化传统相结合、相接续的问题。在现代化建设中我们确实丢弃了一些传统的东西，在各种社会现象中所暴露出的诚信危机更加让人们懂得诚信在当今社会的重要性。所谓更新社会主义诚信观，并不是说传统诚信观念已经陈旧，而是说更多地让传统诚信观展现出它永恒的生命力。时代已经与以往不同，生活已经走出它封建的桎梏，传统的伦理道德观念也应适应新时代、新阶段的发展。而现代社会已经不再是小国寡民、老死不相往来的旧境况，它所需要的是人与人、文化与文化、思想与思想、国家与国家的各方面、多角度、全方位的立体式交往。人不再是孤独的个体，现代人应该首先成为一个公民、一个社会的人，之后才谈得上独立的发展。正是在这种政治哲学的引导下，在巩固“诚”的同时，我们应该把诚信的重点放在“信”上面。这也是接续上一段所要谈的第二个重要方面。

既然要成为社会普遍适用的价值观，那么诚信就已经超越道德的范围而进入了伦理的阶段。道德与伦理的区分将放到本章最后一节讨论，在此只需让大家知道，道德出于主观，然后由主观到客观、由内而外，伦理则相反，它是由客观到主观的过程。所以，对于具有伦理性的诚信，是需要外在权力强力执行的，这也是为什么在加强诚信教育方面要引入法制体系的原因。从法律角度看，《中华人民共和国民法通则》中对于如何理解诚信原则形成了“语义说”和“一般条款说”两种观点。前者认为诚信原则是对民事活动的参加者不进行任何欺诈，并且恪守信用的要求；后者则认为诚信原则是不确定的但具有强制性效力的一般条款，除指导当事人正确进行民事活动外，还具有授予法官自由裁量权填补法律漏洞、引导法律与时俱进的作用。通过上述两种学说，我们发现“语义说”适用于道德层面，所以它不具有社会通行的普遍效力，只有“一般条款说”才可以从法律的角度对诚信做出强制性的规定，所以在健全失信受惩、守信获益的原则下，应该采用后者。但值得注意的是，中国法律仍然在建设之中，许多方面还须完善，像“彭宇案”所造成的恶劣的社会负面影响是需要中国法律从另一个角度进行反思的。

另外，公众人物的力量在任何社会都是不容忽视的重要因素。政府公务员和公众明星人物的引导力在诚信教育方面起着显著的作用，因此，我们应该通过两个步骤发挥这一因素的表率和示范功能。第一步，应该加强公众人物自身的诚信观念教育，这是使其具有表率性和示范性的前提。近几年频繁被曝光的政界、演艺界、文化界的种种丑闻使得这些公众人物之前在人们心中树立起的积极形象全面崩塌，更严重的是由此造成的人们对诚信宣传虚假性的怀疑，使得民众不再相信诚信的透明性。因此，首要方面是加强对公众人物诚信观念的教育。第二步，再次树立公众人物在诚信方面的可信性，进而使其起到表率和示范作用。由于公众人物的出镜率高，所以他们可以在各种场合通过自身行为表现影响甚至感染大众，这种直接宣传的效果是其他任何说教性的教育所达不到的。因此，在诚信教育中运用好公众人物的影响力将会有事半功倍的效果。

理论联系实践是马克思主义哲学的重要思想，同时也是我们主要的指导方针，因此，在诚信教育的建设方面，不仅要在理论上论证诚信的可能性，更要在现实生活中实实在在地通过各种活动和行为加以实践，只有这样才可能更真切地感受到诚信所带来的伟大力量。因为无论一个道德体系设计得多么完善，如果不注重道德实践，道德体系的建设最终将落空。这就要求我们坚定地沿着上述几条道路前进，通过有计划、有步骤地实施诚信教育的各个方面，像“彭宇案”所带来的负面影响必然会有所修正，社会中人与人的冷漠也必将一去不复返。诚信实践不仅要向先进典型人物、模范人物学习，开展各种讨论、座谈，更重要的是在日常生活中有意识地履行诚信道德规范，只有这样，才能促进诚实守信道德教育实践活动的全面开展。

引经据典

德文 Zwei Dinge erfuellen das Gemuet mit immer neuer und zunehmender Bewunderung und Ehrfurcht，je oefter und anhaltender sich das Nachdenken damit beschaeftigt：der bestirnte Himmel ueber mir und das moralische Gesetz in mir.

英文 Two things fill me with constantly increasing admiration and awe，the longer and more earnestly I reflect on them：the starry heavens without and the moral law within.

中文 有两种东西，我对它们的思考越是深沉和持久，它们在我心灵中唤起的惊奇和敬畏就会日新月异，不断增长，这就是我头上的星空和心中的道德定律。

（注：这是人类思想史上最气势磅礴的名言之一，它出自《实践理性批判》，并被刻在康德的墓碑上。）

扩展阅读

走失的教授

2014年7月，一条“走失的教授”的寻人启事在微信上被多方转载：北京师范大学刑法学教授李希慧，于7月9日晚去超市购物回来走到积水潭桥时与家人走散，至今已3天。由于他最近两年患有记忆力衰退症状，因此家人心急如焚。在得知信息后，北师大的师生自发搜寻，更有从外地赶来的李希慧教授的学生参与搜寻工作。同时，北师大在微博、微信上向全社会发出寻找“走失的教授”的寻人启事，在短时间内就被大量转发，社会各界都贡献着自己的一分力量。网上随时更新着看到相似人的时间和地点，但都一无所获。为此，北京师范大学刑事法律科学研究院发布了一则正式公告，公告内容中强调：“对于发现并收留李希慧老师或者将其送回学校者，学院将给予人民币 5 万元奖励；对于告知有用线索并因此而找到李老师者，学院将给予人民币 1 万元奖励。”

走失后的第五天，李希慧教授被东城环卫工人姚文菊、刘小军找到。据姚文菊回忆，7 月 12 日下午 5 时，她就在崇文门东大街发现了李希慧教授，但由于当时没有看到寻人启事，不知看到的这个人就是被社会各界广泛关注的北师大“走失的教授”。当 14 日看到寻人启事时，才想到此人可能就是“走失的教授”。当两人返回小花园时，看见李希慧教授正坐靠在花园台阶上，由于寻问未果，就直接拨打启事上的电话，就这样，经过四天的奋力寻找，“走失的教授”终于安全回家。次日，校方通知两位寻获李教授的环卫工人前往出席发布会，并领取 5 万元奖金。

找回走失人口，这在现代社会并不算是了不得的大事，但其中所体现的人与人之间温暖的关怀、诚与信的交融却是十分不平常的。如果没有北京师范大学的一片赤诚与诚信，就不会有这样一些感人的正能量出现。北京师范大学悬赏寻人，寻回后次日立即召开新闻发布会，授予寻人者奖金。颁奖中，甚至出现两位环卫工人说要把奖金捐给教授治病的感人细节，当然，奖金最终还是颁发给了寻人者。

这一事件与“彭宇案”所形成的强烈反差，足以说明这个社会还是大势向善、以诚信为主的。北京师范大学是国内著名的高等学府，它的言出必行对于社会大众有着较强的示范效应。大学之道在于有大师，更在于有大道。一所大学能够遵守诚信，对传统美德和社会主义核心价值观的发扬光大起着十分重要的作用。而如果师生之间的关系仅限于授业解惑，那就不会有成百人自愿组织起来的专门寻人队伍，更不会有为此千里迢迢赶来寻师的学生，这一切都是李希慧教授多年在教育工作中以诚待人、以信为本所积累下的德福，此一言传身教更影响到他的同事与学生。而环卫工人姚文菊、刘小军质朴善良的诚信之举更以实际行动给社会上了一堂生动的实践课。如此良性循环是诚信得以广泛传播的上好案例。

第二节　诚信管理的必要性与可行性

一、美国和欧洲的社会信用评价体系模式及其特点

美国是世界上信用体系最完善的国家之一，有着 100 多年的信用发展历史。在经过漫长的发展演化后，在 20 世纪 80 年代，美国的社会信用体系已经趋于完善，并形成了独具特色的社会信用体系模式。我们可以把美国社会信用评价体系的特点总结如下：市场化的征信模式、多元化的市场格局、完善的法律保障机制、良好的社会信用环境、合理的政府定位。

美国所采用的是完全市场化的征信模式，这种模式的突出表现是在完善的信用法律体系和政府监管体系的框架下，形成了客观、中立、公正的信用体系，而且其征信系统符合市场经济规律和市场化的运作原则。美国信用报告几乎全部由私营征信公司提供，这些

公司独立经营、自负盈亏，完全以营利为目的。由此美国的信用信息来源广泛，企业信用信息主要来自美国各公司定期提供的内部信用信息和一些政府公共信息，个人信用则主要来自银行、相关金融机构、信用卡发行公司和商业零售机构。与此同时，信用信息内容也十分丰富，对于企业或个人的破产记录、违约记录、犯罪记录、被追账记录等正负面信息会有系统全面的追踪和收集，这就保证了信用信息的连续性和保真度。美国的征信机构业务范围广泛，但大体上可分为个人信用业务和企业信用业务两大块。在企业征信领域，“邓白氏”可算是全美乃至世界范围内最大的全球性征信机构，其凭借掌握的全球最大“世界数据库”为世界各地的信用需求者提供企业资信调查报告和企业信用评级报告。在资信评级领域，以“标准普尔”为首的几家企业是主要资信评级公司。由于信用评级不仅一家公司在做，市场化的竞争保证了信息的公正性和透明度。由此可以看出，美国已经把诚信概念市场化、信息化了，这也将是中国信用评价建设所应借鉴的方面。

良好的社会信用环境和合理的政府定位是美国信用评价体系的又一突出特点。在美国，无论是个人消费还是企业贸易都特别注重对方的信用状况，无信用记录或者有不良信用记录在社会上是很难立足的，信用不佳的企业会丧失大量的商业机会，从而无法在市场上生存和发展。同样，信用不佳的个人会四处碰壁，这将限制并影响到其在申请贷款和求职等方面的机会。反之，拥有良好信用记录的企业或个人则会享有一系列特权待遇，对于企业，它意味着将拥有强大的竞争力，更容易获得贷款，且贷款利率更低。对于个人来说，良好的信用记录是他的“第二身份证”，在升学、求职贷款、买车买房时都会受到优先考虑。有一句谚语正好表明了美国对于信用的重视：“守信是守信者的通行证，失信是失信者的墓志铭”。在这样良好的社会信用环境中，无论是企业还是个人都具有较强的信用意识，为避免在信用报告中出现负面记录，在行为方面尽力约束自己，由此也形成了美国等发达国家文明诚信的社会环境。同样，在创造良好社会信用环境的同时，政府在其中的定位也发生了明显的变化，政府不再如在政治方面一样居于主导地位，而是退居二线。政府主要扮演监督者和管理者的角色，负责创建和维护公平与规范的信用市场，因此它不直接参与市场交易。美国政府在社会信用体系中的主要举措是建立健全信用法律制度，它主要具有制约、导向、协调、控制、约束、激励、规范等作用。同时，美国政府还负责相关法律的制定、执行、解释和仲裁。因此，完善的社会信用体系建设和维护必须依靠完善的法律政策体系。正是政府和市场的双向作用，才使得美国社会信用体系得以健全发展。

在考察完美国的信用评价体系模式后，我们有必要对欧洲的信用体系做一个简短的考察，以找出美国和欧洲成熟的信用体系的共性，为建立中国社会信用体系提供可借鉴的方法、方式和途径。

在征信模式方面，欧洲国家主要是以政府为主导，征信机构设在中央银行中，并且在中央银行的监管下提供信用信息采集、加工和评估等服务，所以也称公共征信模式。尽管欧洲国家是以公共征信模式为主导，但市场化的征信公司也是重要的组成部分，从而形成了以公共征信为主、企业征信为辅的市场格局。在相关法律制度方面，欧洲国家一般会通过法律形式对征信市场和征信机构进行指导与管理，在信用信息采集的种类和公开的范围方面都有十分详细而明确的规定。在社会信用环境方面，如果说美国是开放型的，那么欧洲则相对比较保守，也就是说，欧洲对信用信息的保护大于公开。除监督管理的目的外，信用信息一般作为企业或个人的隐私而非公开化，因此以法律法规形式对其进行保护。欧洲各国与美国相反，它们非但不鼓励对信用信息的公开使用，而且限制信用信息的公开化。由于欧洲所采用的公共征信模式，导致政府在社会信用体系中占据主导地位。公共征信机构主要由政府通过注入资金的方式组立，它直接隶属于中央银行，因此公共征信系统属于官方非营利组织。政府一方面要负责相关信用法律的制定和实施，另一方面要凭借其行政动员能力强制要求各金融机构定期向公共征信系统提交信用信息。这样做的优点是，政府可以深度介入，从而保证了公共征信系统具有充足的信息来源和运营资金；其缺点是，限制了征信系统市场化，使得征信市场缺乏竞争，在经济一体化和全球化的今天，欧洲模式不但影响了公共征信机构的效率，也阻碍了私营征信机构的发展。

二、从欧美社会信用评价体系模式中得到的启示

上文我们分析了美国和欧洲社会信用评价体系模式，并着重选择了征信模式、信用信息来源、征信市场格局、法律制度、社会信用环境、政府在信用评价体系中的位置等几个方面作为考察参数。有以下几点启示：

第一，在征信模式方面，美国以私营信用公司为主，而且是多家信用公司并存。这种模式的优点在于市场竞争所带来的高工作效率和个性化的优质服务，而且客户可以同时选择一家或几家信用公司的数据做更客观的比对参考，从而在决策中做到更加客观合理。同时，这种市场化模式也为个人提供了可供参考的信用服务。相对地，欧洲信用模式是以政府直接出资管理为主，其优缺点正如上文中所提及的，资金充足，但市场化不足。对于中国征信模式的发展来说，现阶段应该以欧洲模式为主要借鉴点，其原因在于中国的市场经济仍然处于有待进一步发展之中，市场的良性竞争环境还没有培养起来，政府有责任扶植信用体系的早期建设并实施监管。

第二，由此带来的市场格局应该是从公共征信向市场化征信的转变。美国在这方面提供了一个很好的典范，当然这是与它长期的市场化发展相适应的。欧洲由于历史悠久，政治方面相对保守，对于市场化从未完全放开，因此它的信用化格局是以公共征信为主、企业征信为辅。对于两种信用化格局，我们应看到双方的优缺点。

公共征信为主的格局可以从大局和全局的角度对信用评价体系做到总体规划实施，这是私营信用公司无法做到的，当然这也与私营信用公司的特点有关。企业征信具有机动性和灵活性，它可以关注到公共征信没有关注到的细节，因此，私营征信公司的信用评价和服务将更有针对性与个性化。

第三，以上两点决定了美国和欧洲信用环境的差别。美国的信用环境表现出开放性、多元化、公众对信用产品的需求强烈等特点。相比之下，欧洲则表现出相对保守、单一性、公众对信用产品需求不足等特点。正如上文所指出的，个人是信用评价的最基本单位，所以一个社会的信用程度应该取决于社会中的个体公民对于信用产品的认可度和需求度。由此分析，我们可以看出，美国的信用环境应当是我们发展的目标。

第四，在政府定位方面，美国政府充当监管者的角色，它不直接参与社会信用评价。相比之下，欧洲各国政府则是直接的社会信用评价的参与者，并且是深度参与者。比较美国和欧洲国家政府在社会信用评价体系中的位置，中国现阶段应该以欧洲模式为主，在此基础上逐渐转向美国模式。

通过上述四点，我们可以发现任何信用模式都有利有弊，对于处于学习和成长阶段的中国，应该根据现有国情和未来发展方向酌情选择一种模式或几种模式相结合，共同建设具有中国特色的社会信用体系。

三、适用于中国的信用征集和管理模式

我国经历了较长时期的计划经济，国家法律和行政指令规范着经济与社会的所有领域，在这样的经济环境下没有信用制度，更不需要信用信息。但自改革开放之始，我们对信用的要求与需求逐渐提高，信用问题开始受到重视。由此我们可以看出中国信用体系的两个现状：一是我国信用体系建设起步较晚，二是我国市场经济发

展迫切需要建立完善的社会信用体系。正是基于这两点现状和此前对于美国和欧洲各国信用体系的分析，我们不妨对中国社会信用体系建设提供如下建议：

首先，在征信方面政府应处于主导地位。鉴于中国社会信用体系组建发展期的现状，政府需要深度介入征信环节中，其主要职能有：为社会信用体系建设提供宏观的规划、设计和充足的启动与发展资金；制定相关信用法律法规，并对其进行解释和实施；从宏观的角度协调各相关信用部门的利益关系；在扶植信用体系建设过程中逐步放手，逐渐委托和授权公共征信机构组建大规模的征信系统，而自身则负责社会信用体系建设的监管工作。在完成上面各步骤后，应该让原有官办性质的公共征信机构与政府脱离，逐步转变成独立经营、自负盈亏的市场征信机构。如果这些征信部门长期处于政府的庇护下，不仅会导致其自身缺乏竞争力和活力，因而难以发展壮大，还将造成信息垄断，影响市场化征信机构的生存，进而影响整个信用行业的稳定和长期发展。

其次，我国现阶段应以整合公共信用信息资源为主。在中国，政府作为最大征信者和社会信用信息管理者，掌握着八成以上的社会信用信息。所以，中国现阶段将以整合公共信用信息为主，特别是在社会信用体系建设的初级阶段，随着电子政务网络的发展，连接各级各类政府部门的电子政务网络可以整合公共信用信息资源，从而降低成本、高效率地获得大量的信用信息，这样就在短时期内组建起了较大规模的信用信息系统。在经过相应的整理之后，这些信息将存储于信用信息基础数据库中，并可作为元数据。当元数据被信用中介进行二次加工后，可生成价值更高、针对性更强的信用报告。此外，银行、通信公司等针对个人的公共机构，以及学校、企事业单位等也掌握着相当一部分信用信息，可为采集到更系统全面的个人信用信息提供基础数据。由此可以看出，中国现阶段的社会信用体系建设应以整合公共信用信息为主，同时兼顾社会上各其他行业、部门的信用信息采集。

再次，应确保公共征信机构和市场征信机构共存的格局。在中国社会信用体系建设的模式选择问题上，国内学者和专家存在着严重的分歧，总结起来可分为两派。其中一派认为中国应采用公共征信模式，原因在于我国的现实国情决定政府必须在其中发挥主要作用。另一派认为中国应采用市场化的私营征信模式，因为公共征信模式存在我们上文所说的种种弊端，反之市场化的征信模式则具有更加优越的机动性，而且市场化征信模式是全球征信行业发展的必然趋势。虽然上面我们谈到中国社会信用体系建设之初应以公共征信为主，但并不意味着要排斥或限制市场化征信模式的存在。相反，政府应鼓励并引导征信模式的市场化进程，使更多的私营信用评价机构直接参与征信服务，进而提高竞争性和服务效率。这样不仅可以满足消费者的需要，更可以相互促进和互为补充。因此，中国的社会信用体系建设不能采用单一的征信模式，而要根据具体国情，同时采用两种或更多种组合式的征信模式，并且根据信用体系建设过程中所反映的不同现象，适时调整各模式所占比重，为更好地发展中国社会信用体系寻找最适合的道路。

最后，合理的政府定位。政府在征信体系建设中的地位是特殊的、不可替代的，因此政府必须根据本国国情和信用发展所处的阶段合理地选定自身的位置。英美发达征信国家的信用建设已经非常完善，政府主要处于监管和执法地位。相比之下，中国的信用建设刚刚起步，社会信用体系尚未建立健全，政府在信用建设中仍需处于主导地位。我国政府部门不仅是信用信息最大的生产者、管理者，同时也是最大的使用者。在现行领导体制下，我国政府拥有较强的行政动员和调控能力，直接担负着建设和维护社会信用体系的职责，政府在这其中不仅要制定相关的政策法规，并负责解释和执行，而且要协调各方利益，必要时采用强制措施保证信息的充分公开和共享。最重要的是，政府要担负现代信用文化的普及教育和公民信用意识的培养责任与义务。然而，有学者认为政府的权力天然大于企业和个人，政府的权力越大，它的不可信程度越高。因此，我们应该尽快成立由最高职权部门领导，并且独立于现有政府职能之外的权威的信用监管机构，对信用信息的开发利用和整个社会信用体系建设进行统一的规划、协调和管理。我国正处于经济转型过程之中，政府在政治、经济和文化生活中都居于关键位置，政府信用构成整个社会信用的根基。政府信用对企业、个人和社会信用具有引导作用，各级政府应当首先成为责任政府、信用政府，为民用权，为民立信，取信于民。政府应当成为企业和个人的信用表率，以政府信用带动企业和个人信用乃至信用体系的建设。

扩展阅读

屡屡碰壁的高才生

国外一家报纸曾经报道过这样一个故事：一名留德的学生由于成绩优异顺利拿到了博士文凭，原想凭借所学知识与技能在德国大公司找到一份理想的工作，但在求职过程中却屡屡碰壁，应聘的大公司均拒绝聘用他，而且也没给出一个拒绝这位优秀博士的理由。既然大公司去不了，索性先用小公司做一个短期过渡，等待机会再另择高就。就这样，他找到一家从事计算机行业的小公司，但仍然遭到这家小公司的礼貌拒绝。这位高才生觉得自己在找工作方面受到了歧视，拍案而起道："我以优异的成绩在你们国家获得了博士学位，而且是货真价实的，为什么却在求职时屡遭拒绝，非但大公司不要我，就连小一些的公司也拒绝我，今天你们一定要给我一个理由。"坐在他对面的公司经理很客气地递给他一杯水，然后把电脑转向他，让他看一看自己在留学期间的信用记录。不看不知道，一看吓一跳。原来他求职屡屡不顺的原因是乘坐公交车时曾有过三次逃票的记录。这在他看来都是鸡毛蒜皮的小事，却被德国公司当成拒绝他的理由，不由得十分气愤。然而，在把诚信看成做人之本的德国人看来，这却是件十分重要的事。要知道，德国对逃票的抽查率为万分之三，也就是说一个人逃一万次票被抓到的概率是三次。而这位博士竟然被抓到过三次。在严谨的德国人看来，这样的行为绝对不可饶恕。在西方发达国家，无论是哪国人都会有一个属于自己的信用记录，其中记录着债务、法律、交通、学习等关涉到个人行为方面的信用信息，并且在全国任何一台计算机终端上都可以查得到。用人单位在招聘时会首先关注个人信用记录，如果此人信用记录很差，就算他学历再高、其他方面再优秀，也会被一票否决。因此，尽管那位高才生得知此事后懊悔不已，他也必须为自己三次的逃票记录付出代价。

信用记录是一个人为人处世方面的道德凭证，是他在社会生活中的通行证。并非只有德国人才严格要求自己，诚信是一条具有普遍性的准则，它会随着社会文明程度的提高而愈加完善，从前的社会是“有理走遍天下，无理寸步难行”，当今的世界则是“有信用走遍天下，无信用寸步难进”。

第三节 诚信哲学的必要性与可行性

诚信在中国悠远的历史长河中作为道德伦理规范的主流价值观而存在。自春秋至明清，中国一直是一个以伦理为中心的中央集权制国家。在这种体制之下，诚信之德成为中国传统伦理的结合点，它是实现由“己所不欲，勿施于人”到“己欲立而立人，己欲达而达人”的基础和途径。因此，诚信与封建道德的其他规范相互贯通并居于核心地位。一方面，诚信是向内指涉的律令，从道德主体的自为性上讲，主体的诚信对于成就理想人格具有极其重要的意义，主体人要诚心为善并付诸实践，这是执行其他道德规范的前提。另一方面，诚信又是向外关涉的尺度，它既发于主体之内，又可扩展为仁义礼智信等多种道德，因而成为众多人成就理想人格的起点。因此，诚信是中国传统道德中十分重要的规范，儒家视诚信为道德修业之根、立人立政之本。

一、诚信概念的哲学界定

哲学概念一般分为实体概念和关系概念两类。实体概念主要诉说事物的内涵，关系概念则是对两个事物关系的规定。由此可见，诚信是一个关系概念，它是作为主体人与另一主体人之间的关系而产生的。按哲学二级学科的划分，诚信则是伦理学研究的对象。当然，这里要区分两个概念，即道德和伦理，前者指人的内心指令，不涉及他人，如康德的道德律，后者则是社会客观标准，需要所有人都无条件地接受、执行。

儒家所讲的诚信，在道德范畴上的含义是不同的：第一，诚信是诚实无欺；第二，诚信是相互信任；第三，诚信是信守承诺。这几种不同含义既指向主体自我，又指向客体对象。如诚实无欺可以指主体自身的不自欺，又可指主体处于社会之中的不欺人。同时，前者是说主体的自我信任，后者指对他人的信任或被他人所信任。信守承诺可以是一种自我承诺，也可以指对他人履行的承诺。因此，作为道德范畴的诚信所具有的这几种含义，既是个人的内在品质，也是个人的行为规范。然而，虽然它们之间有着原则上的共通性，但是细分起来，它们之间又有着实在性的不同。首先，诚实无欺、相互信任是社会中一般的道德要求。这里的诚信是信誉，指诚实无欺。诚实无欺是人安身立命之基础，做人不诚实则如言行不一致，自然无法做到知行合一。而信守承诺是对特定对象的责任，因为信守承诺一定是先有承诺，然后才可称得上信守。而承诺总是对特定对象的承诺。其次，诚信中的“诚”多指主体自我修养以及由此形成的个人内在道德品质和道德境界等方面，“信”则指人们在交往中的行为规范和外在行为表现。最后，信任往往以一种非常主观的形式出现，信守承诺则意味着要按照所承诺的事情而付诸实施，因而是外显性的。诚实不欺是信任和守信的基础和条件，一个人诚实才能得到他人的信任，一个诚实的人才容易信任他人。信守承诺之所以成为古今国人行为的圭臬、美德的体现而长久地加以弘扬，就是因为这样的行为品性是社会的要求，是人的发展和完善的需要。

因此，在哲学层面上界定诚信概念的内涵需要从两方面入手：一方面，诚信是主体人自我确证的基本表征；另一方面，诚信是确立主体之间关系的基本价值定位。

1. 诚信是主体人自我确证的基本表征

诚信在个人道德修养中具有重要地位，它是个人应该具备的最基本道德品格。在儒家思想中，诚信是个人立身处世的基本前提，是个人敬德修业的根本要求。修身取信就是说要谨慎自己的言语。取信是修身的前提，“言行，君子之枢机。枢机之发，荣辱之主也。言行，君子之所以动天地也，可不慎乎！”（《周易·系辞上》）孔子也说：“其言之不怍，则为之也难”（《论语·宪问》），“为之难，言之得无讱乎？”（《论语·颜渊》）言行一致是判断一个人诚信的主要标准，但由于言语与行动之间存在时间上的差异，即大多数时候是言在先，行在后，而且两者的时间间隔有时很大，造成人们在评价一个人时往往只看言语，而忘记行动。然而即使这样，言语在诚信原则中仍然处于极其重要的位置。谨慎言语，就是要说话诚实、做事严谨。这就要求人们务实而不空谈，不说大话、不说空话、不说假话，这就是所谓“君子以慎言语”、“君子以反身修德”、“君子以恐惧修省”。

诚信同样要求不断地进行自我反省。孔子常常注意反省自己。弟子问孔子：“敢问崇德，修慝，辨惑？”子曰：“善哉问！先事后得，非崇德与？攻其恶，无攻人之恶，非修慝与？一朝之忿，忘其身，以及其亲，非惑与？”（《论语·颜渊》）此意指做事争先，享受在后，时刻检查自己的过错，但责己，不责人，则可取信于人。在此基础上，儒家还提出了“慎独”的概念。《大学》曰：“所谓诚其意者，毋自欺也。如恶恶臭，如好好色，此之谓自谦。故君子必慎其独也！”“诚于中形于外。故君子必慎其独也。”《中庸》中也有云：“是故君子戒慎乎其所不睹，恐惧乎其所不闻。莫见乎隐，莫显乎微，故君子慎其独也。”《荀子》中也有对慎独的言论：“君子至德，嘿然而喻，未施而亲，不怒而威，夫此顺命，以慎其独者也。”由此可见，“慎独”就是指一个人独处时，在没有其他人监督的情况下，有做坏事的机会而不去做，严守善道，约束自己。慎独不但是道德修养的方法，而且是道德修养所要达到的境界。它是诚意和毋自欺的体现。一个能真正做到慎独的人，也是一个能真正践履诚信之德的人。可以说，加强修身和笃行诚信是一个相辅相成的关系，加强修身是躬行诚信的重要途径，笃行诚信又有助于提高自己的道德品质。

在诚信的伦理道德观念上，冯友兰先生从新儒家的思辨角度进行了概述：“如此说，则所信者即以诚行仁义礼智也。此说亦可通，但不必如此说。我们尽可取普遍所谓信之意义；即此意义，即可见信之以为常。一社会之所以能成立，靠其中之分子互助。于互助时，此分子与另一分子所说之话，必须可靠。此分子所说之话，必须使另一分子所说之话，必须可靠。此分子所说之话，必须使另一分子信之而无疑。我于此写文而不忧午饭之有无，因我信我的厨子必已为我预备也。我的厨子为我预备午饭，因信我到月终必与之工资也。此互信若不立，则互助即不可能，即此小事，即不能成。若在一社会之内，其各分子所说之话，均不可靠，则其社会之不能存在，可以说是‘无待蓍龟’。人必有信，不是某种社会之理所规定之规律，而是所有社会之理所规定之规律。”

2. 诚信是确立主体之间关系的基本价值定位

孔子把“信”看作人与人交往应该遵循的基本准则，认为交朋处友应该以信与否作为衡量标准。孔子曰："益者三友，损者三友。友直，友谅，友多闻，益矣。友便辟，友善柔，友便佞，损矣。"（《论语・季氏》）意思是说，在日常交友中，有三种朋友可交，即正直的朋友、诚实的朋友、见多识广的朋友。同时也有三种朋友不可交，即虚伪做作的朋友、谄媚逢迎的朋友、巧嘴利舌的朋友。由此可见，人与人交往应该本着益者三友的原则，对于不讲信用、缺乏信任的人应该敬而远之。所以子夏有言："与朋友交，言而有信。"（《论语・学而》）孔子认为，信不但是一个人立身处世的前提，而且是人生之路的"通行证"。"子张问行。子曰：'言忠信，行笃敬，虽蛮貊之邦行矣。言不忠信，行不笃敬，虽州里行乎哉？立则见其参于前也；在舆则见其倚于衡也，夫然后行。'"（《论语・卫灵公》）此意是说，一个人说话要忠诚守信，做事要忠厚恭敬。如此行事，就算到了蛮夷之地，也是行得通的，但如果虚伪欺诈、不守信用、行事不正，就是在本地乡里也是寸步难行的。所以诚信不仅是个人道德境界修养的目标和准则，更是一条具有普遍性的伦理律令。它不因地域和文化的不同而有所改变，而是放之四海而皆准的普遍法则。

在信任的行为中，"正直"一直扮演着重要的角色。正直是西方道德伦理文化中十分重要的概念，它源自拉丁语"安全"一词，从词根意义上讲，安全这个词有"整体的"或"完全的"之意。中古英语和古法语对"正直"一词下定义时，使用了"完全性"、"统一性"和"纯正"这类概念。例如，当你信任某人或某事时，你会完全信任他们本人、他们的思想或者他们对待你的行为。当某人信任你时，他会接受你和你所倡导的理念。根据《美国传统辞典》的解释，"相信"就是信以为真地接受。它对相信的定义中同样使用了"真实性"或"真实的"字眼，即对某事的真实性发自内心地接受或确信和信任，对某个人、某件事的真实性、价值或可信赖性深信不疑。因此，相信、信任、正直和真实这些西方文化中常用的概念都是与信任概念紧密相连的，这些词通常与哲学和神学有关。

二、诚信与真、善、美

诚信首先属于伦理范畴，但它又不仅仅属于伦理范畴，诚信同样彰显了“真”、“善”、“美”的性质，即它同样属于真理观、形而上学、美学的范畴，它同样可以体现本体论、认识论和方法论的统一。我们可以借用康德的思想，认为诚信同时表现了“理论理性”、“实践理性”和使两者统一的“判断力”。因此，以下就从诚信之“真”、“善”、“美”三个方面来论述诚信的哲学维度。

1. 诚信之“真”

人与人、人与物处于现实的相互依赖的关系中，他人的劳动成果不仅给予了我们生存的条件，而且提供了其他保障。因此，诚信自然而然地发生在与他人的交往中。诚信源自熟悉，这是一种基本经验。当新生儿开始对自身和环境进行区分时，他必须学习与周围重复出现的人（他的父母）确立信任，这些人是他生存的保障。心理学家把这种信任称为“初始信任”。这是人对物的信任，也就是对所处世界的信任。所以我们信任自己的身体，相信心脏在跳动，伤口会愈合，第二天还能从睡梦中醒来。我们相信外界的大自然，相信冬天过后是春天，相信天会下雨，相信地球在转动。由这一系列的信任关系带来的就是诚信之真，即相信一切都是真实的，都具真理性。

诚信的一个性质就是“真实”。在哲学上，真实首先与“真理”相关。可以说，真实是真理的实现和显现，真理是看不见、摸不着的，它的真实性要在现实中有所展现。真理是一个认识论范畴，即对象与认识的符合，或认识与对象的符合。对此有几种不同的理论。一种是认识符合对象说，即真理在于我们对于对象有正确的认识，对象是始终如一、不变的，所以要我们不断地改进认识能力，以达到对对象的真实认识。另一种是对象符合认识能力之说。德国哲学家康德持此观点，他认为真理并不在于认识符合对象，而是对象应该符合我们的认识能力，这个思想被称为“哥白尼式的革命”。还有一种是当代哲学的真理开显说，主要代表是当代诠释学的两位重要哲学家——海德格尔和伽达默尔。诠释学认为真理并不是主体和客体的关系，而是存在与自身显现的关系，即主体不再站在对象、客体的另一面，而是走进客体、走进对象，以自身和对象共有的“存在”为视域，让存在自己展现自己。这种真理观最大的特点是把真理放进了历史之中，人不再是历史的旁观者，而是真切地融入历史之中，真理就是在人与历史的相互作用中的一种“效果历史”。

因此，诚信之“真”是指它所表现出的真理。上述三种真理观都可以体现在诚信之中。“诚”作为主体自身的修养，在首要的层面上，只与主体自身相关，而与外在效果无关。这时所表现的真理观是康德式的，它的普遍必然性在于主体自身所具有的先天形式，是由主体内部自发产生的，如孔子所说的“言忠信，行笃敬，虽蛮貊之邦行矣”。正是由于诚信的这种普遍必然性，才可以放之四海而皆准。当“言”涉及“行”时，即“诚”需要一个外在效果和结果时，则必引入真理符合论。“言不由衷”所表现出的是言行的不一致，而判断它的标准就是“行”的效果和结果是否与此前所“言”一致，只有行动了，才可对言的承诺进行判断。观念或认识要符合客观对象，如果我们的认识与客观对象有所偏差，在这种真理观看来，一定是我们的认识出了问题，即我们“所言差矣”。最后，当言行一致、知行合一时，就可以达到“视域融合”，这是诚信最终所达到的最高境界。

2. 诚信之“善”

“善”通常是伦理学的范畴。这里首先要区别“道德”和“伦理”概念的不同。前者主要指主体自身的修养，它的评判标准在主体自身，而不在其外，即只要主体自身能够达到所规定的标准，则可以说这个人是有道德的，所以道德具有先天性，因为它的一致性是主体自身所设定并遵守的。相反，伦理则是规定人之行为的外在标准，它可以不具有先天性，也可以没有绝对的普遍必然性，只要在多数群体中适用，并满足多数群体的利益即可，这种伦理已经失去它的本性。我们在这里强调另一种伦理，它是建立在普遍的社会观念的基础上的，这种伦理具有形而上学性。无论是在古代中国还是在西方的文明发展中，“善”都处于伦理的最高层面，古希腊哲人柏拉图把它的最高理念称为“善”，亚里士多德在对第一哲学中的最高概念进行规定时，同样认为“善”是它的本性。荷兰 17 世纪伟大的哲学家斯宾诺莎穷其一生所追求并实践的也是“至善”。

中国哲学同样把“善”作为伦理实践的基础和目标。《吾思·圣神贤》诗曰：“深思熟思，必有奇思。信师行师，自可名师。圣学博学，方成绝学。知善致善，是为上善。”这里讲的是只有通过由知而行才能达到奇思、名师、绝学、上善等境界。同样，《道德经》中说：“上善若水。水善利万物而不争，处众人之所恶，故几于道。居善地，心善渊，与善仁，言善信，正善治，事善能，动善时。夫唯不争，故无尤。”老子把水、善、道三者联系起来，水是形而下之器，但却可体现形而上之道，这种品质称为善，所以善是道的本质。孟子把道德规范概括为四种，即仁、义、礼、智，称为“四端”，它的理论的出发点就是“性善论”。《孟子·告子上》曰：“恻隐之心，人皆有之；羞恶之心，人皆有之；恭敬之心，人皆有之；是非之心，人皆有之。恻隐之心，仁也；羞恶之心，义也；恭敬之心，礼也；是非之心，智也。”孟子把孔子的“仁”发展为“善”，并把仁、义、礼、智归结其下，认为“人皆有不忍人之心”，又称为“恻隐之心”，这是一种人人先天具有的品质，是人的本性，即人的理想人格。只有人人都发现潜藏在心底的这种心性，才可以达到至善的境界。

无论是中国哲学还是西方思想中的“善”，都是一种社会的伦理标准，要求人们普遍地去遵守、执行。而它体现在具体的言行之中，就可称为诚信。这也是为何诚信带有“善”的伦理特点的原因。

3. 诚信之“美”

“美”是一种感性上的对于理性的判断。古希腊哲人柏拉图提出了“美”的理念，认为一切具体事物中的美都是分有了美的理念。这个思想在哲学中一直延续了下去，美被认为是概念，而具体事物，无论是自然之物还是人造之物都是美的概念的体现。黑格尔对美下了一个最真切的定义，“美是理念的感性显现”，由此可见，美本身是理念、概念，而它一定要在感性事物上体现出来。诚信之美则正是在具体的感性行动中体现了它所说的事物的完成，因此，诚信之“美”是言行合一、真善合一、知行合一。

中国最早的“美”出现在甲骨文中，对于美的广泛使用则始于先秦。《论语》中孔子称《韶》乐为“尽美矣，又尽善也”，但论述美与信的关系则要始于老子：“信言不美，美言不信。”注云：“信者，如其实也；不美者，朴且质也。美言者，滋美之华辞；不信者，饰伪多空虚也。”这是说可信的言语一般都不具美感，此为忠言逆耳；相反，华丽的言语通常都掩饰了它真正的目的，此为华而不实。诚实可信的人都比较质朴，不以辞藻粉饰；巧言令色之人则处处卖弄言语，从而掩盖事实的空虚。对美与信的关系做系统论述的是孟子：“‘何谓善？何谓信？’曰：‘可欲之谓善，有诸己之谓信。充实之谓美，充实而有光辉之谓大，大而化之之谓圣，圣而不可知之之谓神。乐正子，二之中，四之下也。’”（《孟子·尽心下》）孟子学说的核心思想是“善”，它是从孔子的“仁”发展而来的。与宋明理学大家朱熹同时代的宋儒张南轩将《孟子》这一章解释为：“可欲者，动之端也。盖人具天地之性，仁义礼智之所存，其发见，则为恻隐、羞恶、辞逊、是非，所谓可欲也。”朱子本人也把欲分为两种，即天理与人欲，要求饮食是天理，要求美味是人欲。可见，孟子所言之欲可用朱子的“天理”解释。人是有理性的动物，在做一件事情前先思考一下对自己、对他人、对社会是否有益，有益就去做，这样的行为是善的，有害就不能做，做了就是行恶。但这种经过理性思考抉择而作出的“欲”和“恶”是后天的善恶，善、恶是相对的，具有外在性。而孟子所说的“可欲之谓善”，与后面“信”、“美”、“大”、“圣”、“神”是一以贯之的，“善”是本原之善。善与信的关系是由内而外、内外统一的，信是善的外在表现，这可以是行动，也可以是结果。同样，当这种行动和结果达到善与信的统一时，就是美。因为内在与外在很可能并不统一，善与信有可能是“美言者，滋美之华辞；不信者，饰伪多空虚也”，只有善与信真正地统一才可称为美，所谓充实之谓美，就是“充实善、信使之不虚”。不虚就是实，使善充实不虚，本身就是信，即人的言行和内心充满信、善之德，使内外之善信交融为一，就是美。进而，所谓美人，就是充实了善的人，即不仅言行表现善，使人能实实在在地感受到这种善，而且内心世界也确实有这种善的存在。

由此可见，诚信之“美”无论中外，所表现的都是内在与外在的统一，我们可以说它是真与善的统一，也可以说它是善与信的统一，但无论中西方的表述如何不同，其实质都是一样的，即只有内心的善与客观的真理达到充盈流溢而无损于自身才是美，诚信之“美”也正是这充盈流溢之完善的表现。

三、诚信是人们对“人道”的基本要求

讲诚信之“人道”，就必须联系“天道”。《中庸》有云：“诚者，天之道也；诚之者，人之道也。”《孟子》中也有如此论述：“诚者，天之道也；思诚者，人之道也。”何谓“天道”？《周易》中有言，“日月运行，一寒一暑，日往则月来，月往则日来，日月相推而明生焉。寒往则暑来，暑往则寒来，寒暑相推而岁成焉”。天道体现了大自然的生灭变化，而且大自然是真实可信的，只要我们对它有正确的认识，它是不会对人类有所隐藏的。朱子说“诚”就是真实无妄，真实无妄是天道之根本，天地公正无私、不损物利己，化育万物、不偏不倚，诚是天地自然的本性，也是它运动变化的真实表现。思

诚则是人道之本性，它以天道为榜样，通过克己自律达到天道之诚所表现出的公正无私、真实无妄、无欺无伪的至上境界。因此，人道取于天道，如果不明天道，是无法言及人道的。这种诚信之德的天人合一性说明讲诚信不是一个人愿意与否的问题，而是为人之道所表现出的客观必然性，它是要符合天道的自然法则的。

那么，何谓诚之人道，什么是它的表现呢？《左传·昭公十八年》载，子产曰："天道远，人道迩。"人道指道德之意，即"应然"的问题，因此，人道又指人生的理想，是人之为人应该达到的境界。在儒家看来，人所应该达到的是仁、义、理、智、信，称为"五常"，即人应有的最高的五种道德品格。所谓"天道思诚"，即"至诚而不动者，未之有也；不诚，未有能动者也"，这是把"天"赋予道德本体的意义，使之客体品德化，"思诚"就是把天当作人性自觉的来源与归宿，通过主观的道德修养，达到天人感应、由诚而动之境界。同样，思诚反映了社会对诚的需要。诚信是人类社会存在的基础，没有诚信意味着失去秩序，失去秩序意味着剥夺人类的生存环境。

先秦思想集大成者荀子对于诚之人道有一段非常精彩的论述："君子养心莫善于诚，致诚则无它事矣。唯仁之为守，唯义之为行。诚心守仁则形，形则神，神则能化矣。诚心行义则理，理则明，明则能变矣。变化代兴，谓之天德。天不言而人推高焉，地不言而人推厚焉，四时不言而百姓期焉。夫此有常，以至其诚者也。君子至德，嘿然而喻，未施而亲，不怒而威，夫此顺命，以慎其独者也。善之为道者，不诚则不独，不独则不形。……天地为大矣，不诚则不能化万物；圣人为知矣，不诚则不能化万民；父子为亲矣，不诚则疏；君上为尊矣，不诚则卑。夫诚者，君子之所守也，而政事之本也。"（《荀子·不苟》）荀子把诚看作德行的基础，至诚则从德自备，先诚然后才能使人变化。自然之所以能千变万化，同样也是因为以诚为先。圣人之所以能教化民众，也是因为以诚为本。荀子的

"天地四时有常而极其诚"与孟子的"斋教天之道也"具有相同的意义。同样，荀子的"顺命以慎其独"、"诚者，君子之所守"，也与孟子的"思诚者，人之道也"意义相同。两位先秦伟大思想家虽然在人性问题上持不同主张，但在"诚"的问题上却有殊途同归之意。

在集孟子和荀子两大思想家之思想的《中庸》中，也对诚有精辟的论述："诚者，不勉而中，不思而得，从容中道，圣人也。诚之者，择善而固执之者也。"天有一根本性特点，即诚，天是真实无妄的，天之所以为天亦在此。人则能诚而求诚，由求诚亦可达到诚的境界。在人言之，诚的境界，即与道合一，不待思勉而无不合道。求诚则须思勉，要思以择善，勉以固执之。用力久久，则待思勉而自然合道了。《中庸》另云："自诚明，谓之性；自明诚，谓之教。诚则明矣，明则诚矣。"

由此可见，诚之人道就是要以诚信为基础建立人人可以遵循的秩序，这种秩序就是人道的表现。

扩展阅读

季子挂剑

春秋战国时，住在吴国延陵的季子出使晋国，随身佩带一把宝剑，路过徐国时，徐国国君看了季子的宝剑，虽然没说什么，但从脸上的表情可以看出他很喜欢这把剑。季子因为有出使的任务，所以就没有当场将宝剑赠予徐国国君。季子出使晋国后，从原路返回，到达徐国时，徐国国君已经死在了楚国。于是季子把宝剑解下来准备送给继位国君，季子的随从阻止说："这是吴国的宝物，不应送于他人。"季子却说："我不是用它来送人，前些日子，我经过徐国时，徐国国君看中了这把剑，虽然他嘴上没说，但脸上却露出想要这把剑的神色。我因有出使的任务，当时没有献给他，但心里已经这么打算过。如今因为他死了，就不把宝剑给他，是违背自己诺言、欺骗自己良心的。因为爱剑而违背自己的心愿，廉直的人是不会这样做的。”于是，季子解下宝剑送给继位徐君。然而继位徐君却说：“先君没有留下遗命，我不敢接受宝剑。”于是，季子把宝剑挂在徐国国君墓地的树上后离开了。徐国人非常感动于季子的为人，歌唱道：“延陵季子兮不忘故，脱千金之剑兮带丘墓。”

章末小结

本章首先对诚信的可教育性问题进行了分层探讨，从诚信概念的内涵与外延两方面论证了诚信教育的重要性和可实施途径。其次，在诚信管理一节中，结合了国外成功的社会信用评价案例和经验并联系中国实际情况，提出了一些社会主义信用评价体系的可行方案，供进一步实施参考。最后，对诚信概念的哲学起源和内涵做了详细的分析，分别从真、善、美的角度为诚信奠基，并最终指出诚信是人道的最深切表现。由此看出，诚信不仅是一句口号，它作为社会主义核心价值观之一，有着深刻的哲学内涵，并且与中国优秀的传统文化有着千丝万缕的联系。

推荐影片：

片名：《一个都不能少》(1999)

导演：张艺谋

主演：魏敏芝、张慧科、田正达、白梅

片长：106 分钟

简介：影片以水泉村的水泉小学为背景，讲述了由于高老师要回家看望病重的母亲，所以村长从邻村找来魏敏芝代课一个月的故事。水泉小学原先有三四十个学生，每年都有学生流失，现在只剩28 个了。高老师临走时再三叮嘱魏敏芝，一定要把学生看住，一个都不能少。魏敏芝整天让学生抄课文，每天清点人数，谁要把学生弄走，就跟谁急，连村长的话也不听。学生见她人小，又不会上课，就不听她的，有的故意跟她捣乱，弄得教室里乱哄哄的。她不管不问，只是守在教室门口，不到时间不让走。然而，10 岁的张慧科因家里欠债无力偿还，不得不辍学到城里打工。魏敏芝记着高老师临行前的叮嘱，决心把张慧科找回来。她打听到张慧科城里的住处，孤身一人踏上了进城之路，13 岁的魏敏芝开始茫茫人海里的寻找，终于在电视台台长的帮助下，找回了张慧科，并且通过电视，很多人得知了水泉小学的情况，更有好心人给这个 13 岁的小老师与学生们捐赠了大量的粉笔和文具。影片从一个朴实的小姑娘的角度反映了中国广大劳动人民骨子里所先天具有的诚信观念，从而体现出中国优秀传统文化已经深深地扎根于每个中国人的心中。

参考文献

中共中央组织部党员教育中心组织编写．兴国之魂：社会主义核心价值观五讲．北京：人民出版社，2013

胡发贵编著．中华传统美德丛书·诚信卷．南京：南京大学出版社，2008

邹建平．诚信论．天津：天津人民出版社，2005

肖周录，王永智，许光县等．诚信教育论．北京：中国社会科学出版社，2012

李中辉等编著．中华民族传统美德丛书：信．济南：山东教育出版社，2008

傅礼白．信．北京：中国社会科学出版社，2006

王公山．先秦儒家诚信思想研究．上海：上海古籍出版社，2006

全贤淑．明代白话短篇小说中诚信观念研究．大连：大连海事大学出版社，2010

苏士梅．唐代诚信思想研究．郑州：河南大学出版社，2012

陈平编著．新中国诚信变迁：现象与思辨．广州：中山大学出版社，2010

康志杰，胡军．诚信——传统意义与现代价值．北京：中国社会科学出版社，2004

李刚，刘建仓．诚行天下：中国传统商人诚信文化探寻．北京：

中国社会科学出版社，2012

李松. 中国社会诚信危机调查. 北京：中国商业出版社，2011

李晓安，阮俊杰. 信用之路. 北京：经济管理出版社，2008

刘焕成. 电子政务与社会信用体系建设. 郑州：黄河水利出版社，2011

毛道维. 中国信用体系中信用结构和信用链研究. 上海：上海三联出版社，2011

孟华兴编著. 企业诚信体系建设研究. 北京：中国经济出版社，2011

秦阳，肖峰编著. 诚信的力量. 北京：海潮出版社，2002

榕汀编著. 诚信，未来社会通行证. 福州：海峡文艺出版社，2002

唐贤秋. 道德的基石——先秦儒家诚信思想论. 北京：中国社会科学出版社，2004

陶雄华. 区域信用体系建设与风险管理. 北京：人民出版社，2011

徐国栋. 民法基本原则解释：诚信原则的历史、实务、法理研究. 北京：北京大学出版社，2013

李向前等编著. 信誉资本. 北京：中国时代经济出版社，2002

张宇钟. 行政诚信研究. 上海：上海人民出版社，2012

图书在版编目（CIP）数据

社会主义核心价值观·关键词. 诚信/韩震总主编；刘翔，薛刚编著. —北京：中国人民大学出版社，2015. 4
ISBN 978-7-300-21047-6

Ⅰ. ①社… Ⅱ. ①韩…②刘…③薛… Ⅲ. ①社会主义建设-价值论-中国 Ⅳ. ①D616

中国版本图书馆 CIP 数据核字（2015）第 067705 号

社会主义核心价值观·关键词
总主编　韩　震
诚　信
刘　翔　薛　刚　编著
Chengxin

出版发行	中国人民大学出版社		
社　　址	北京中关村大街 31 号	**邮政编码**	100080
电　　话	010－62511242（总编室）		010－62511770（质管部）
	010－82501766（邮购部）		010－62514148（门市部）
	010－62515195（发行公司）		010－62515275（盗版举报）
网　　址	http://www.crup.com.cn		
经　　销	新华书店		
印　　刷	天津中印联印务有限公司		
规　　格	160 mm×235 mm　16 开本	**版　　次**	2015 年 5 月第 1 版
印　　张	6.25 插页1	**印　　次**	2023 年 1 月第 6 次印刷
字　　数	71 000	**定　　价**	28.00 元